L'enfant et la souffrance de la séparation

Maurice Berger

L'enfant et la souffrance de la séparation

Divorce, adoption, placement

DUNOD

Photo de couverture : F. Arrou

ISBN 2 10 007913 1

Table des matières

Introduction

Le psychisme humain est ainsi fait qu'il lui est plus facile d'inventer des fusées qui vont sur la lune que d'accepter une séparation.

De nombreux enfants sont confrontés à une séparation familiale prolongée ou définitive, ceci de trois manières possibles. Un tiers des couples mariés divorcent et leurs enfants doivent faire face à la séparation de leur père et mère. Plus de 4 100 enfants abandonnés par leurs parents géniteurs ou dont les parents ont été déchus de leurs droits parentaux sont adoptés chaque année en France. Les enfants séparés de leurs parents par décision judiciaire et confiés à la direction de la Protection sociale sont environ 110 000 en France[1].

1. À titre d'exemple, dans un service de psychiatrie de l'enfant du CHU de Saint-Étienne, l'ensemble des consultants est composé de 33 % d'enfants de parents divorcés, 12,5 % d'enfants qui ont dû être séparés de leurs parents (eux-mêmes souvent séparés), 12,5 % d'enfants adoptés, et seulement 42 % des enfants amenés en consultation vivent avec le couple de leurs parents biologiques.

Beaucoup de ces enfants souffrent psychiquement, soit à cause des conditions d'existence difficiles qu'ils ont connues avant la séparation, dont les traces persistantes en eux les empêchent de tirer bénéfice de la période de relative tranquillité qui suit, soit à cause de l'impact même de la séparation sur leur vie psychique. Il est fréquent qu'ils ne parviennent pas à exprimer, voire à se représenter pour eux-mêmes ce qu'ils ressentent, ce qui amène les adultes à sous-estimer l'importance de leurs difficultés. Aussi la description que je vais faire de cette souffrance peut paraître exagérée en gravité. Pourtant…

• La quasi-totalité des enfants qui ont dû être séparés judiciairement de leurs parents présentent des troubles psychiques importants.

• Une enquête réalisée en Suisse entre 1989 et 1991 montre que 40 % des adoptions d'enfants étrangers échouent, laissant des enfants sans protection ni identité. Une autre enquête (H. et J.P. Waber, 1994) faite sur neuf enfants adoptés choisis au hasard pour être testés dans le cadre d'une recherche sur l'adoption montre que deux d'entre eux évoluent vers une adaptation sociale en faux-self ou très narcissique, deux vers une attitude antisociale, un souffre déjà d'une pathologie psychique grave. Cinq enfants sur neuf présentent donc des troubles importants. On est loin d'une certaine imagerie « rose » qui entoure l'adoption.

• L'évolution psychique des enfants de parents séparés est souvent beaucoup plus difficile que la banalisation du divorce ne risque de le laisser paraître. Il est vrai que de nombreux enfants ne s'en sortent apparemment pas trop mal et les psychothérapeutes, qui ne sont amenés à recevoir que ceux qui présentent des symptômes importants, risquent donc d'avoir une idée exagérément pessimiste du devenir des enfants de parents divorcés. Mais à l'inverse, on peut se demander combien d'enfants n'expriment pas ce qu'ils ressentent, et combien le montrent sans que leurs parents ne les entendent. On constate quotidiennement que les signes cliniques observés au cours des consultations peuvent être trouvés *a minima* chez d'autres enfants qui *a priori* n'inquiètent pas leur famille et semblent aller bien.

De nombreux enfants dont il sera question dans cet ouvrage ont déjà reçu un soin psychique, lequel a échoué, et m'ont été adressés dans un second temps. La clinique évoquée ici représente donc en quelque sorte le « noyau dur » de la séparation, et constitue un condensé des situations les plus difficiles à traiter. Mais l'expérience montre que ce noyau dur est si fréquent que c'est un très gros noyau...

Il peut paraître inadéquat de vouloir étudier ces trois situations de séparation dans un même ouvrage. Pourtant la clinique incite à un tel rapprochement. Elle montre en effet qu'il existe de nombreux points communs chez les enfants qui souffrent intensément des situations de séparation, ce qui autorise à utiliser le terme spécifique de *pathologie du lien* (voir chapitre 1) pour qualifier la manière défectueuse dont leur vie psychique s'est organisée[1].

L'ensemble de ces éléments va être développé à un double niveau. Le premier consiste en une description clinique, avec les conséquences thérapeutiques et pratiques qui en découlent. Cela concerne tous les professionnels qui sont confrontés à ces situations dans leur travail quotidien : assistantes sociales, éducateurs, infirmiers psychiatriques, juges des enfants, personnels de la direction de la

1. Je propose donc d'élargir le concept de pathologie de l'attachement créée par Myriam David (1989) à propos d'enfants qui sont mal en présence de leurs parents très inadaptés sur le plan éducatif, tout en résistant à l'idée d'en être séparés.

Protection sociale, psychologues, psychiatres, psychanalystes, et, pourquoi pas, certains parents. Le deuxième niveau n'est pas indispensable aux personnes pour lesquelles la théorisation n'est pas une nécessité. Il concerne les hypothèses psychanalytiques que l'on peut tenter d'émettre actuellement, et sans certitude absolue. Nous ignorons tellement de choses sur la nature du lien primaire qui se constitue dans la première année et surtout dans les premiers mois de la vie de l'enfant, que cet ouvrage ne présente que les données actuelles d'une recherche en cours depuis dix-huit ans concernant les processus psychiques liés à la séparation. Il ne sera pas proposé de rétrospective exhaustive de l'ensemble des travaux portant sur cette question. Signalons simplement que si la bibliographie est conséquente dans le domaine des enfants séparés de leurs parents ou abandonnés, on est surpris par le peu de travaux psychanalytiques approfondis concernant les situations de divorce[1].

Cette recherche a été réalisée grâce à un travail commun avec les membres des équipes de placement familial et de l'hôpital de jour de l'hôpital Bellevue au CHU de Saint-Étienne : G. Berger-Lapalus, A.-M. Brisson, M. Chassin, Y. Manic, S. Miribel, M. Naegellen-Roy, P. Pasteur, H. Pastrana, A.-M. Roussel, J.Y. Tamet, M. Tramacère, et avec l'aide d'intervenants extérieurs, en particulier de M. David, et de H. Rottman à qui nous faisons appel lorsque nous ne parvenons pas à comprendre certaines situations. Certaines hypothèses ont été travaillées au Centre de

1. Les problèmes posés par les autres modes de séparation (hospitalisation d'un bébé ou d'un enfant très jeune, séjour prolongé en pouponnière, absence d'un parent) ne seront pas abordés dans cet ouvrage car de nombreux travaux leur ont déjà été consacrés (R. Spitz, J. Bowlby, J. Robertson, etc.).

recherches en psychologie et psychopathologie clinique à l'université Lyon-II et enrichies par les réflexions de René Roussillon. L'aspect oral, informel, de ces échanges fait que de nombreuses personnes seront citées sans référence bibliographique.

1

La pathologie du lien

L*a séparation est un traumatisme difficilement intégrable pour le psychisme des enfants* dont il sera question ici. Ces enfants ne peuvent ni l'accepter ni y donner sens. Et les commentaires ou explications « rationnelles » qu'il est souvent souhaitable de proposer, sont de peu d'aide pour diminuer leur souffrance psychique.

Ainsi des parents ou des thérapeutes peuvent expliquer à un enfant qu'il n'est pour rien dans le divorce de ses parents, en particulier que cette séparation ne s'est pas produite parce que lui-même a pu avoir envie de séparer son père de sa mère (dans ses fantasmes œdipiens) ; ou ils peuvent lui préciser que si son père et sa mère ne sont plus mariés, ils resteront néanmoins toujours un couple de parents préoccupés par leur enfant, ou que ses parents restent toujours ses parents dans son esprit (E. Granjon[1]) : une partie du psychisme de l'enfant peut être soulagée par

1. Comme il est expliqué dans l'introduction, les renvois entre parenthèses sans date font référence à des échanges oraux informels entre l'auteur et la personne citée.

ces paroles, mais une autre partie demeure « inguérissable » et refuse cette séparation.

Ou encore, on peut dire à un enfant adopté que sa mère biologique l'a abandonné parce qu'elle ne se sentait pas capable de s'occuper de lui au moment où elle l'a conçu, et qu'elle a choisi alors de faire un don d'amour en le confiant à une famille plus prête à l'accueillir et à le rendre heureux. Cela ne l'aide souvent que de manière limitée à articuler dans son esprit ses deux histoires successives. La question de savoir pourquoi sa mère l'a abandonné persiste et encombre le lien qu'il noue avec sa famille adoptive.

Il en est de même quand on explique à un enfant séparé de ses parents schizophrènes ou psychopathes qu'il est impossible qu'il continue à vivre avec eux, en lui donnant des exemples précis de leur incapacité éducative, et en expliquant que ses parents sont ainsi parce qu'ils ont eu eux-mêmes des parents incapables de s'occuper d'eux. Cela n'a que peu d'impact sur le désir de l'enfant de retourner vivre avec ses parents et sur la manière dont il les idéalise, même s'il a été fortement maltraité par eux.

Ce besoin taraudant de revenir au temps mythique d'avant la séparation s'accompagne de deux mécanismes qui handicapent la capacité de penser de l'enfant, *le déni et le clivage*.

• Dans ***le déni*** tout d'abord, l'enfant rejette tous les arguments « objectifs » qu'on peut lui proposer. Ainsi Guillaume, sept ans (*observation 6*), dont les parents ont divorcé lorsqu'il avait treize mois, dit à son père qu'un appartement vient de se libérer au-dessous de celui de sa mère chez laquelle il vit. De cette manière, si son père venait habiter là, il pourrait garder Guillaume quand sa mère partirait faire des courses. Puis plus tard, ils pourraient se remarier. Son père lui fait alors remarquer qu'il s'est déjà remarié avec une autre femme et que de ce remariage est née une (demi)sœur âgée de deux ans. Il ajoute que la mère de Guillaume s'est aussi remariée de son côté. Tranquillement, l'enfant répond qu'il a déjà réfléchi à tout cela, et qu'il sait qu'un remariage n'est pas possible dans l'immédiat. Il faudra d'abord que ses parents divorcent chacun de leur côté de leur conjoint actuel puis vivent un moment seuls. Ils pourront alors se remarier.

• ***Le clivage*** consiste à maintenir en soi la coexistence de deux modes de pensée antinomiques. « Oui, ma mère ne s'occupait pas de moi lorsque j'étais tout petit, elle me laissait souffrir de faim dans la solitude. Et en même temps, elle était une bonne mère que j'adore toujours et chez qui je veux retourner vivre. Si elle a été inattentive à mon égard, c'est à cause de son concubin. » Ce clivage, qui permet de maintenir un lien positif avec le parent envers et contre tout, a de lourdes conséquences puisque, nous le constaterons, il empêche l'accès à l'ambivalence : les parents ne peuvent pas être à la fois aimés et critiqués. Ils sont *idéalisés* par une partie du psychisme de l'enfant, redoutés et haïs par une autre partie, ces deux parties ne communiquant pas entre elles et étant maintenues bien séparées. Le clivage complique considérablement le travail psychothérapique puisque le thérapeute ne sait jamais à quelle partie de l'enfant il s'adresse. Il est d'autant plus difficile à traiter que le sujet en a besoin car il l'a mis en place pour éviter d'être débordé par de forts sentiments internes de rage, d'angoisse, d'impuissance, d'abandon.

• On entend souvent l'expression « Cet enfant n'arrive pas à faire le deuil de… », deuil du couple de ses parents lorsqu'ils n'étaient pas encore divorcés, deuil d'une mère biologique adéquate, etc. Mais ***le travail psychique de la séparation et le travail du deuil sont très différents***. Pour D. Anzieu (1996), le terme de deuil ne peut être appliqué qu'à la mort d'un être aimé. Le travail de deuil passe par des étapes complexes au cours desquelles, sauf en cas de deuil pathologique, le sujet désinvestit en partie la personne perdue, « tue le mort » sans l'effacer de son souvenir. Même si le désinvestissement de la personne perdue n'est jamais complet et qu'il reste toujours quelque chose d'irréductible (M. Hanus, 1994), de nouveaux investissements peuvent apparaître progressivement. Dans la séparation parents-enfant, l'autre garde une réalité plus importante (J.C. Arfouilloux, 1990). Les sentiments de jalousie, d'envie, peuvent alors être très présents : que fait l'autre séparé ? Quelles sont ses nouvelles rencontres ? Avec qui noue-t-il d'autres liens ? La séparation est différente du deuil car elle n'apparaît pas comme définitive et irréversible. La perte n'a pas la même réalité massive. La survie de l'objet séparé entretient l'espoir de retrouvailles, de reconquête, au moins d'unc rencontre possible. Cette illusion tenace rend le désinvestissement particulièrement difficile dans la séparation. Ainsi Pierre (*observation 7*), adolescent de 14 ans adopté à 9 mois, explique au bout d'un an de psychothérapie qu'il veut appeler ses parents adoptifs « mes amis » afin de pouvoir réserver les mots « mes parents » au couple de ses parents biologiques, lesquels l'ont abandonné lorsqu'il avait deux mois et dont il ne garde aucun souvenir. Et il a toujours l'espoir de retourner vivre avec eux dans son pays d'origine.

Non seulement le travail psychique qui accompagne une séparation est différent du travail de deuil, mais on peut ajouter que les séparations qui sont mal vécues par l'enfant l'empêchent de réaliser ultérieurement un travail de deuil lorsque survient un décès dans la famille. Ainsi Alexandra (voir chapitre 3), huit ans, élevée en pouponnière par de multiples auxiliaires de puériculture, et livrée pendant deux ans à l'inconstance de sa mère avant d'être

abandonnée puis adoptée, perd accidentellement un oncle. Un petit garçon de la famille dit avec tristesse que cet homme ne le portera plus jamais sur ses épaules. Alexandra lui répond que ça ne fait rien, d'autres personnes le porteront. À un certain niveau, sa réponse est plus dramatique que la souffrance de l'autre enfant, car elle montre son incapacité à se représenter un lien : les personnes sont interchangeables. En séance de psychothérapie, elle dessine un chat, puis à côté, de manière particulièrement soignée, dans un cadre, un autre chat (*dessin 1*). Elle me demande alors si elle peut enlever la première partie, celle où est dessiné le premier chat. On constate que la question pour elle n'est pas celle des sentiments de tristesse liés à la perte d'une personne aimée, mais comment garder en soi une trace, une image d'un sujet qui disparaît. Le moyen tenté ici, c'est le tableau, équivalent d'une photo qui permet de garder la trace de la personne disparue. On peut remarquer l'idéalisation de l'absent : le chat du tableau est beaucoup plus beau que l'original et porte une couronne.

Il faut souligner dès maintenant que la manière dont l'enfant tolère la séparation dépend en partie de la manière dont elle est ressentie par ses parents et de la trace de lui qu'il pense laisser ou non en eux malgré la séparation. Ainsi Carine (*observation 19*), cinq ans, fillette séparée de sa mère, est confrontée au fait que sa mère est absente depuis six mois sans donner le moindre signe de vie à son enfant malgré les demandes répétées de cette dernière. Pendant que j'en parle avec elle, elle essaie de mettre un grand cube dans une petite boîte alors qu'elle n'est ni déficiente intellectuelle ni psychotique. Par ce jeu symbolique, mettre un grand dans un petit, elle tente de mettre sa mère en elle puisque sa mère n'a pas de trace de sa fille en elle.

• La pratique clinique réserve une surprise : derrière l'impossibilité de renoncer à l'image idéalisée des parents ou du couple des parents, on peut constater ***la présence d'éléments dépressifs mélancoliques*** chez les enfants qui souffrent intensément de la séparation, ainsi que chez leurs parents. Mickaël, cinq ans, dit à sa mère qu'il va se suicider si ses parents divorcés ne se remettent pas ensemble. Stéphane, huit ans, essaie de faire le mort pour être en contact avec sa mère dont il est séparé. Simone, dix ans, explique que lorsqu'elle rencontre sa mère même en notre présence, c'est comme si elle était dans un cercueil.

Par mélancolie, on entend une forme de dépression particulièrement grave et douloureuse dans laquelle *le sujet s'accuse d'être à l'origine de ce qui le déprime*, soit ici d'être la cause de la séparation de ses parents, de son abandon, ou de leurs négligences éducatives. Comme l'objet perdu, couple ou parent, est idéalisé, incritiquable, le sujet ne peut diriger contre cet objet la colère qu'il éprouve face à son absence, et il la retourne contre lui-même, sous la forme d'une autocritique, d'une auto-accusation sévère : Guillaume pense que ses parents ont divorcé à cause de lui, malgré leurs explications ; Alexandra croit que son père est parti à cause de sa naissance, d'où la colère de sa mère contre elle et son abandon.

• Les enfants soumis à une séparation se sont trouvés dans ***une situation de passivité forcée*** par rapport aux événements extérieurs, ce qui les a amenés à mettre en place des fonctionnements spécifiques tel un besoin forcené de maîtrise dans la relation à autrui ou, au contraire, une soumission qui les empêche d'émettre la moindre opinion.

• Ces enfants se sont souvent trouvés dans ***une situation leur interdisant d'aimer deux personnes à la fois*** tout en ne pouvant pas se trouver bien avec une seule d'entre elles. Pour certains enfants dont les parents ont divorcé existe le risque, s'ils aiment un de leurs parents, de se sentir déloyaux à l'égard de l'autre. Ainsi pour un enfant dont les parents divorcés ne s'adressent même plus la parole, dans son esprit, simplement penser au parent absent en présence du parent présent risquerait de lui faire perdre l'amour de ce dernier, ou de faire surgir des images trop conflictuelles. Un enfant peut être déchiré de la même manière entre famille d'accueil et famille d'origine, ou entre sa famille adoptante et sa famille biologique, même s'il n'en garde aucun souvenir. Parfois même, aimer l'un, c'est comme tuer l'autre.

• L'impossibilité de supporter la séparation est due en grande partie à ***l'incapacité d'évoquer en pensée, de se représenter le parent (ou le couple de parents) en son absence***. Un bref détour théorique est ici nécessaire.

Il existe trois manières de se relier à autrui. Soit on perçoit l'autre physiquement, soit on se le représente, soit on l'hallucine.

1. On le perçoit physiquement, principalement par les yeux, la peau, l'ouïe. C'est en partie le fonctionnement du bébé pendant les premiers mois. Cela nécessite que l'autre soit présent physiquement. Puis petit à petit, le bébé peut garder l'image du parent absent pendant un temps de plus en plus long sans la perdre.

2. On peut penser à autrui hors de sa présence et donc se le représenter. Percevoir et se représenter sont incompatibles simultanément. On ne peut percevoir sa mère, et se la représenter en même temps en imagination. Passer à l'étape du fonctionnement représentatif, celle où on se représente le parent hors de sa présence, nécessite que l'enfant ait pu vivre un ensemble d'expériences dont la complexité extrême n'apparaît qu'à l'occasion de leurs ratés (M. Berger, 1996, p. 45–48). On peut résumer ces étapes en disant qu'un enfant ne peut se représenter ses objets « primaires » (père, mère, ou substitut) que si ces derniers sont suffisamment satisfaisants. Penser à sa mère, c'est se séparer d'elle puisque le sujet la lâche alors des mains, des yeux, ce qui n'est possible que pour un enfant qui se sent en sécurité. Que se passe-t-il si, au contraire, un enfant craint de se sentir abandonné ou malmené par ses parents ?

– *La crainte de l'abandon*, d'abord : un enfant petit ne peut penser à sa mère, se la représenter, que si elle ne « profite » pas du moment où il est plongé dans ses pensées pour s'absenter en pensée de son côté. Si la mère laisse tomber l'enfant hors de son esprit, si elle l'oublie souvent parce qu'elle est trop centrée sur elle-même, trop déprimée, trop absorbée dans des conflits conjugaux, inatteignable parce qu'elle est coupée du monde sous l'effet d'une toxicomanie, ou toujours prête à s'absenter physiquement sans tenir compte de lui, l'enfant ne peut la lâcher des yeux ou des mains, parce qu'il se sent en permanence sous la menace d'être oublié : « si je me représente l'objet, il va disparaître ». À la place de l'activité de représentation prédomine un fonctionnement de *collage* perceptif : l'enfant se colle, s'agrippe aux autres. Un enfant ne peut penser donc se représenter sa mère que s'il sait qu'elle garde en permanence une préoccupation à son égard (A. Green, 1983). Et selon l'expression de R. Puyelo, beaucoup d'enfants évoqués ici n'ont pas intériorisé une « capacité maternelle de veiller sur soi ».

– *La menace* ensuite : un enfant qui risque d'être malmené par un (ou ses) parent(s) de manière imprévisible développe une hypervigilance (M. Lamour, M. Barraco, 1995), et consacre une grande partie de son activité à surveiller le parent au lieu de pouvoir rêvasser, avoir tranquillement des représentations, jouer avec ses idées.

3. L'enfant hallucine le parent. Cette partie sera détaillée au chapitre 4.

Ces concepts seront repris plus loin, mais ce qu'on peut en dégager, c'est que du fait des conditions éducatives qui ont précédé la séparation, de très nombreux enfants souffrent de difficultés à avoir une activité de représentation et de symbolisation satisfaisante. Il en découle des difficultés fréquentes dans les apprentissages, et un besoin d'être en contact physique avec le (ou les) parent(s) dont ils sont séparés, car le lien en pensée, c'est-à-dire le fait de pouvoir évoquer l'autre ou les objets en leur absence, n'a pas pu se constituer, alors qu'il est le seul qui permette au psychisme de fonctionner de manière libre et créatrice[1].

• On le constate, ***la pathologie du lien est atypique et spécifique***. Elle n'est pas équivalente à un trouble psychotique, malgré les moments psychotiques limités où l'enfant fait des actes inadaptés à la réalité, ou lorsqu'il est hors de lui, en proie à une rage hallucinatoire face à certaines situations qu'il ressent avec la même violence que lors de certains événements passés. On ne peut pas non plus réduire la pathologie du lien à une pathologie dépressive ou narcissique de dépendance et de collage à autrui. Il ne s'agit pas non plus d'un « simple » conflit névrotique. Il existe un mélange de tout cela, auquel s'ajoutent les éléments spécifiques, dont les plus marquants sont le clivage, un mélange d'attaques incessantes du lien à autrui et de peur panique de perdre ce lien.

• ***Trois risques théoriques et cliniques*** sont présents lorsqu'on aborde la question de la séparation.

1. Le premier risque consiste à *abraser la spécificité de la séparation*. Or très souvent, la séparation complique de manière spécifique le développement psychique de l'enfant.

1. Ou, comme l'indique R. Diatkine, « le seul objet qui existe pour le psychisme est un objet absent ».

Par exemple, il est communément admis qu'un aspect de la problématique de l'adolescence concerne le meurtre : il faut « tuer » en pensée un parent pour s'autonomiser par rapport à lui. Mais pour certains adolescents adoptés, le processus consiste souvent à « tuer » le parent adoptif pour aller en retrouver un autre, le parent biologique. L'adolescence constitue alors l'épreuve du feu de l'adoption (H. et J.P. Waber, 1994). Beaucoup d'adolescents adoptés ont besoin de passer par ce détour particulier décevant, car ils constateront que leur parent biologique ne s'intéresse pas à eux. C'est ce « travail » de désillusion qui leur permet d'acquérir une autonomie par rapport à leurs parents adoptifs, tout en maintenant, *in fine*, des liens harmonieux avec eux. Nous constaterons aussi les formes très spécifiques que prend le roman familial pour les enfants confrontés à une séparation.

2. Le deuxième risque est de *penser qu'une seule théorie va suffire*. Les équipes qui travaillent sur ce thème sont confrontées à l'impossibilité de pouvoir généraliser à d'autres situations cliniques les éléments qui leur ont permis de comprendre les difficultés d'un enfant particulier. Quelque chose échappe en permanence aux soignants et diminue leurs capacités d'établir un pronostic. Notre première tâche doit être de repérer et d'accepter nos zones d'ignorances, en évitant de les obturer par diverses théories bouche-trou.

3. Le troisième risque est de *sous-estimer les difficultés thérapeutiques*. On attribue trop souvent aux enfants qui ont subi une séparation une capacité de se représenter ce qui se passe en eux très supérieure à leurs possibilités. Ceci est particulièrement vrai pour certains enfants de parents divorcés. Quant aux enfants abandonnés puis adoptés, ou soumis très tôt à une incompétence parentale grave, ils ont mis en place de tels processus de clivage, et des mécanismes de défense si précoces et si puissants contre le retour de sentiments angoissants, qu'ils sont souvent inaccessibles à une psychothérapie classique. Leur traitement devra parfois passer par la création d'un *lien quotidien* avec une personne soignante, éducatrice ou éducateur, ou infirmier(ère) psychiatrique, supervisée par ailleurs, puis parfois dans un deuxième temps par une psychothérapie au cours de laquelle le psychothérapeute devra travailler en présence de l'éducatrice avec qui le lien s'est établi. Le protocole thérapeutique devient alors très lourd, puisqu'il nécessite l'admission de l'enfant en hôpital de jour, mais la clinique montre que souvent la pathologie du lien ne se traite que par un détour par ce genre de lien, et non par l'établissement d'un transfert dans un cadre psychothérapique codifié. Et parfois le résultat thérapeutique est maigre comparé à l'engagement dont ont fait preuve les soignants.

Cela étant posé, nous allons constater que la souffrance de l'enfant et la pathologie du lien se présentent sous des formes très différentes selon les trois contextes de séparation décrits dans les chapitres suivants.

2

L'enfant face à la séparation de ses parents

De nombreux enfants de parents divorcés ne présentent pas les troubles décrits ci-après. Pour une partie des enfants qui montrent leur souffrance, des discussions avec leurs parents sur la situation leur permettent de traverser moins difficilement l'épreuve du divorce. Il ne suffit pas alors que les parents informent leur enfant le plus honnêtement possible ; il est aussi souhaitable qu'ils lui demandent avec tact ce qu'il en pense et ce qu'il ressent. Si cela s'avère nécessaire, des entretiens avec un psychothérapeute lui proposeront un lieu neutre où il lui sera plus facile d'exprimer ses sentiments, et où certains de ses conflits intrapsychiques pourront être élaborés.

Par la suite, il ne sera donc question que des enfants qui, à l'occasion de la séparation de leurs parents, se sentent confrontés en eux-mêmes à une impasse, sans espace de « dégagement » possible. De telles situations sont assez fréquentes.

Le matériel clinique utilisé ici a deux origines. Il provient de consultations ou de psychothérapies concernant des enfants amenés par un parent, parfois par les deux, pour des difficultés psychologiques apparues à l'occasion du divorce de leurs parents. L'autre source est constituée par les expertises de situations familiales effectuées à la demande de juges des Affaires familiales pour des problèmes d'attribution de garde d'enfants. Ce deuxième abord permet d'avoir accès à des configurations cliniques qu'un psychothérapeute ne rencontre que rarement en consultation.

Avant de constater les surprises réservées par ce matériel clinique, il paraît nécessaire d'examiner les *a priori* qui peuvent exister chez tous les intervenants à propos des situations de divorce. Il s'agit d'idées qui ne sont pas erronées en elles-mêmes, mais qui sont insuffisamment dialectisées.

QUATRE PRÉJUGÉS

1. Les troubles présentés par l'enfant trouvent leur origine dans une période antérieure à la mésentente parentale et peuvent être reliés à la pathologie psychique d'un ou des deux parents. La pathologie de l'enfant ne serait donc pas fondamentalement différente que ses parents restent ensemble ou qu'ils se séparent.

Cela n'est pas inexact, mais les processus semblent plus complexes, car souvent l'enfant allait bien tant qu'il n'était pas confronté à la séparation, et ses difficultés psychiques n'apparaissent qu'après cette dernière. Plus encore, il n'est pas rare qu'un enfant dont les parents sont séparés depuis plusieurs années ne présente des troubles que lorsque le divorce est prononcé légalement, ou lorsqu'un des parents se remarie, ou lorsqu'un des parents a un enfant avec un autre partenaire. Ces événements mettent fin à l'illusion qu'il entretenait de la réversibilité potentielle de la séparation : maintenant, les parents ne peuvent plus se remettre ensemble.

2. Il y a peu de choses plus terrifiantes pour un enfant que les disputes conjugales répétées devant lui : les deux êtres qu'il aime le plus au monde s'entre-déchirent, sa sécurité affective s'écroule, et il vaut donc mieux que ses parents se séparent. L'enfant est ainsi protégé de ces scènes violentes, et il peut alors partager de bons moments avec ses parents certes séparés, mais tranquilles.

Cela est en partie exact, mais ce que ressent l'enfant est plus complexe. Va-t-il voir ses parents plus épanouis qu'avant leur séparation ou va-t-il être mis à une place de lien entre eux, par lequel transite leur conflictualité persistante et leurs projections réciproques[1] ? Va-t-il mettre en place un clivage dont la conséquence est que seule une partie de lui sera soulagée par la séparation, une autre cherchant indéfiniment à réunir ses parents ? On peut simplement dire que les dégâts sont différents selon que les parents se séparent ou non.

3. Le divorce est toujours traumatique pour l'enfant[2]. Ceci n'est pas inexact, mais il arrive qu'au contraire, le divorce offre à l'enfant une occasion d'exprimer une souffrance

1. Il faut ajouter à cela la manière dont la famille élargie réagit au divorce, en particulier les grands-parents : comment en parlent-ils à l'enfant, et quelles sont les conséquences de leurs paroles sur son fonctionnement psychique (E. Tilmans) ?

2. Ce préjugé poussé à l'extrême donne l'histoire suivante : un couple de centenaires se présente chez un avocat pour divorcer. À ce dernier qui s'étonne qu'ils aient attendu un tel âge pour prendre cette décision, ils répondent : « Nous voulions attendre que nos enfants soient morts. »

qu'il ne pouvait pas montrer auparavant (R. Roussillon, 1988). Il peut enfin se permettre d'aller mal. Le discours ambiant qui indique qu'un divorce va forcément être traumatique pour l'enfant risque d'avoir pour résultat que toutes les difficultés montrées par l'enfant sont comprises par ses parents en référence à la séparation, qui devient le seul prisme de lecture. Il peut en être de même de la part d'un psychothérapeute qui risque de parler exclusivement de la séparation à l'enfant. Le fait de recevoir un enfant de parents divorcés peut ainsi entraver la capacité de jeu fantasmatique du thérapeute.

4. Offrir à un enfant un espace neutre pour parler de ce qu'il ressent à propos de la séparation de ses parents lui évitera l'apparition de difficultés psychiques. Cette idée assez répandue, selon laquelle on pourrait réaliser ainsi une sorte de prophylaxie des troubles rattachés au divorce, n'est exacte qu'en partie. Oui, certains enfants sont soulagés de pouvoir exprimer ce qu'ils ressentent en le disant à un consultant… ou à un camarade ou à des adultes amis. Mais pour beaucoup d'autres, cette bonne intention est inefficace : ils ne peuvent pas profiter de l'espace qui leur est proposé car ils ne souhaitent pas parler de la séparation de leurs parents, ou ne peuvent pas le faire. Plus même, la condition pour que certains enfants ou adolescents acceptent de revenir au deuxième rendez-vous en consultation est qu'on ne leur parle plus, temporairement, de la séparation car ils utilisent toute leur énergie pour lutter contre la représentation du couple séparé et contre les affects que cela éveille en eux.

Remarquons que les pathologies les plus graves et les plus déniées par les parents se rencontrent souvent chez des enfants de parents non séparés. La constance du couple parental ne constitue donc pas une « garantie » contre l'apparition de troubles psychiques.

Les difficultés psychiques[1]

On ne peut pas parler du divorce en général, ni décrire une clinique et une théorie « type » concernant les enfants de parents divorcés. Il n'existe que tel couple précis qui divorce, avec son histoire ; et un enfant peut manifester une très grande variété de troubles à cette occasion, comme l'a montré R. Liberman (1979). Cependant, on peut constater que trois sortes de difficultés paraissent plus spécifiques à la situation : l'identification au parent qui se désigne comme lésé, le refus de la séparation du couple, les troubles de la représentation.

L'identification au parent « lésé »

Il s'agit d'une des formes de ce que S. Ferenczy (1933) a nommé « le terrorisme de la souffrance ». Dans ce processus, un parent, père ou mère, s'attache l'enfant en en faisant le réceptacle forcé de son malheur. Un parent qui « se plaint continuellement de ses souffrances peut transformer son enfant en une aide-soignante, c'est-à-dire en faire un véritable substitut maternel, sans tenir compte des intérêts propres de l'enfant ».

Quelques exemples illustrent cette situation fréquente. Ainsi il n'est pas rare qu'une femme soit amenée à divorcer parce que son mari la trompe sexuellement, ou lui ment de manière répétitive en ne tenant aucun de ses engagements, ou parce qu'il a un comportement violent. Du fait de leur fragilité narcissique, de tels pères se décrivent à leur

1. Étude réalisée à partir de quatre-vingts situations cliniques.

enfant comme abandonnés, délaissés par leur épouse, car ils sont incapables de supporter la solitude, et ne peuvent ressentir toute séparation que comme un abandon quelle que soit la réalité à l'origine de la situation. On constate alors très souvent, lorsqu'on questionne l'enfant sur ce qu'il pense de la situation, *qu'il est en colère contre sa mère qu'il considère comme responsable du divorce* car elle n'a pas accepté que son père fréquente une autre femme tout en vivant à la maison. Et par identification au parent qui se désigne comme lésé, il risque de la traiter de manière insultante. De plus, il est fréquent que le parent qui réagit plus sainement et tente d'éviter à son enfant d'être pris dans le conflit du couple, soit ressenti par l'enfant comme moins fragile, et c'est contre lui que sera tournée l'agressivité que l'enfant ressent face à la situation de séparation.

Observation 1. Yann[1]

L'expertise de la famille A est demandée par le juge des Affaires familiales car Yann, 15 ans, et Cécile, 13 ans, qui ont demandé à résider chez leur père, ne veulent plus rendre visite à leur mère.

Devant un expert, M. A explique à ses enfants qu'ils peuvent voir leur mère s'ils le veulent, mais ceci est dit sur un ton qui signifie « à condition que vous ne le demandiez pas ». Il décrit ensuite comment sa femme lui a demandé de quitter la maison, puis explique en quoi elle présente selon lui des troubles psychiatriques du fait de son histoire personnelle (ces troubles n'ont pas été retrouvés par les experts). Il ajoute : « elle nous a tous amusés, en particulier les enfants : elle est riche grâce à son salon de coiffure monté grâce à

1. Cette observation peut paraître caricaturale, mais elle n'a rien d'exceptionnel.

moi, et elle garde tous les objets appartenant au couple » (ces deux éléments se révéleront inexacts), alors que lui et ses enfants sont devenus pauvres à cause de la séparation. De plus, elle n'a pas tenu son contrat de mariage, ce qui est une faute impardonnable. Lui, il donne sa parole jusqu'au bout, il a signé un contrat devant le maire. Maintenant sa vie est devenue un échec, il a perdu vingt ans de sa vie. D'ailleurs ses enfants ont jugé qu'il y avait supercherie, et ils ont compris que leur mère n'était pas comme les autres mères. M. A est très choqué dans son amour propre par le fait que son épouse l'ait quitté sans même que ce soit pour aller vivre avec un autre homme (Mme A expliquera qu'elle est partie car elle ne supportait plus le collage et la jalousie perpétuelle de M. A qui l'accompagnait même lorsqu'elle allait simplement acheter une salade dans le quartier).

Un expert explique à ce père que Yann, reçu seul, a répété exactement les mêmes phrases que son père, puis a déclaré qu'il ne voulait pas le laisser seul même un instant le week-end car son père serait trop triste, et que c'est pour cela qu'il ne va pas chez sa mère. M. A répond que c'est normal : ses enfants le défendent car il a été attaqué ; quand il était très déprimé après la séparation, ils ont vu le mal que son épouse lui a fait. Toute tentative pour lui suggérer que s'il essayait de ne pas mêler ses histoires de couple et son rôle de parent, il permettrait à ses enfants de moins souffrir de la séparation et de pouvoir penser plus librement sur la situation, rencontre une surdité totale de la part M. A, avec comme seul résultat de relancer un long monologue sur la blessure d'amour-propre insupportable qu'il a subie.

Reçu seul, Yann indique qu'il a arrêté de faire du football suite à la séparation de ses parents. Il comprend tout à fait son père. En partant, sa mère a montré qu'elle pensait plus à ses copains et copines qu'à sa famille. D'ailleurs, il craint sa mère et s'est toujours senti mal en sa présence depuis que ses parents sont séparés. Mais maintenant qu'il analyse la situation, il réalise qu'*il se sentait déjà mal avec sa mère avant*. Cependant, quand on l'interroge sur ses souvenirs désagréables avec sa mère datant d'avant la séparation, aucun ne lui vient à l'esprit. On constate donc comment la représentation qu'il a de sa mère est modifiée *rétrospectivement.*

De plus, Yann répète que son père est devenu pauvre, sans pouvoir comprendre que ce dernier garde son salaire et la moitié des biens. Il est pris dans une telle identification à la souffrance de son père qu'il a développé des croyances intouchables, sorte de noyau psychotique localisé. Enfin, il ajoute que son père a été trop gentil, et qu'il se souviendra de la leçon lorsqu'il fréquentera une fille. On est là devant un des effets les plus nocifs du terrorisme de la souffrance : ce qui est atteint chez l'enfant, c'est la représentation du lien entre homme et femme, dont il découle plus tard une incapacité de se représenter positivement les relations avec les personnes de l'autre sexe. Dans l'identité sexuelle, être un garçon puis un homme, Yann ne voit plus que l'humiliation présentée par le parent du même sexe (G. Lapalus). Cela entraîne une impossibilité de construire plus tard une vie de couple harmonieuse.

Cécile peut montrer plus de souffrance. Certes elle débute l'entretien comme Yann : « Quand on habitait tous ensemble, je croyais que ma mère était normale ». Mais depuis qu'elle a fait un séjour dans la famille d'une camarade, elle compare et trouve qu'avec sa mère, elle ne ressent pas qu'elle est avec une mère. Une mère, c'est plus affectueux. Elle est allée vivre chez son père car elle pense que Mme A a voulu le divorce parce qu'elle ne pensait pas à eux. Sa théorie apparente est la suivante : « Tu ne m'as pas choisie, je ne te choisirai pas non plus ». Mais un autre élément est présent avec force. Chaque fois qu'avec son père et son frère, ils ont aperçu leur mère dans la rue, Cécile a eu très peur que son père ne se mette en colère, ce qu'il a fait effectivement, et qu'il ne devienne violent. Elle est alors terrifiée par la crainte qu'il ne tape sa mère ou n'ait envie de l'étrangler. D'une certaine manière, elle protège la relation entre son père et sa mère en faisant en sorte qu'il n'y ait plus aucun rapport entre eux, même à travers leurs enfants communs.

> Quand ces deux enfants ne voient pas leur mère, ils ne peuvent l'imaginer qu'au bar ou dans son salon de coiffure. Pour eux, elle est complètement mauvaise et c'est plus facile. L'ambivalence en sa présence leur est sans doute insupportable : elle nous aime, on l'aime, elle est quand même partie, tout se brouille. Quand elle est plus loin, elle est plus mauvaise ; si elle est proche, il faut penser le conflit et c'est la souffrance. Les experts concluent qu'il est prématuré pour le moment que les enfants voient leur mère, mais comment faire pour ne pas laisser en même temps le père dans sa toute-puissance de victime ? On serait tenté de demander un suivi psychologique pour Cécile, mais M. A ne pourra l'accepter et l'effet du traitement sera ainsi annulé. Tant que les enfants sentiront la passion haineuse de leur père envers leur mère, ils ne pourront accepter d'aller la voir. Lorsqu'il a été dit au père en présence de ses enfants qu'il était préjudiciable à ces derniers de ne plus voir du tout leur mère et qu'il faudrait sans doute réévaluer la situation dans quelque temps, il s'est mis très en colère. Mme A elle-même pense que forcer ses enfants ne servira qu'à braquer son fils contre elle, mais que cela soulagera peut-être sa fille de n'avoir pas à prendre elle-même une décision. Aussi est-il proposé que si dans six mois rien n'a changé, une obligation de visite pour Cécile soit prononcée, assortie de sanction en cas de non-présentation de l'enfant. Une telle décision est une des rares choses qui pourra mobiliser la situation si elle n'a pas évolué seule. Ceci pourra également rendre Cécile plus libre : elle pourrait voir sa mère parce que c'est obligatoire, décidé par le juge, et ainsi ne pas avoir le sentiment de trahir son père.

Dans un tel contexte clinique de terrorisme de la souffrance, même lorsqu'il est moins massif, il est fréquent que le parent qui ne fonctionne pas sur ce mode respecte la liberté de penser de son enfant en espérant que ce dernier pourra s'étayer sur lui, s'identifier à ses valeurs, et se dégager ainsi du mode d'attachement pathologique proposé par le premier parent. Son intention est aussi d'éviter que son enfant ne se sente tiraillé entre deux croyances ou « obligations » identificatoires parentales opposées. Il est intrigant et dramatique de constater que cette liberté de pensée ne peut pas être utilisée par l'enfant et qu'elle offre en fait le champ libre à la pathologie de l'autre parent. Il en est de même des paroles « saines » et non conflictuelles d'un parent dans ce contexte, elles ne peuvent servir de point d'ancrage à l'enfant[1].

Une circonstance particulière favorise le clivage entre l'image d'un parent totalement bon et victime et celle de l'autre parent totalement mauvais, c'est lorsqu'une mère quitte le domicile conjugal sans emmener ses enfants avec elle. Les raisons de ce départ ne sont pas toujours, loin s'en faut, une aventure amoureuse avec un autre homme. Souvent la mère part un ou quelques jours parce qu'elle a atteint la limite de ce qu'elle peut supporter dans la relation conjugale, et parce qu'elle a besoin d'un moment de distance et de relative solitude pour décider de la séparation et l'organiser matériellement. Le père utilise cet épisode pour désigner son épouse comme cessant d'être maternelle, uniquement préoccupée d'elle-même et de ses hypothétiques amants. Il est frappant de constater à quel point cet épisode, souvent bref et survenant sur un fond de continuité de la présence maternelle, entraîne alors chez l'enfant

1. En se situant uniquement du point de vue du développement psychique de l'enfant, lorsqu'un parent dénigre systématiquement son ex-conjoint, il est préférable que l'enfant, s'il n'adhère pas encore totalement à ce discours (ce qui n'est malheureusement pas le cas de Yann), soit laissé en garde au parent qui respecte l'autre afin d'éviter les ravages qu'une telle attitude peut donner plus tard par rapport aux images masculines et féminines que l'enfant se constituera. La loi californienne suit le même raisonnement lorsqu'elle indique que l'enfant doit rester chez le parent qui ne critique pas l'autre.

qui adhère au discours paternel un basculement de l'image qu'il a de sa mère[1]. Nous n'avons aucune explication à proposer actuellement pour ce processus. Il est vrai qu'il existe chez quelques mères qui agissent ainsi mais certainement pas chez toutes, une faille dans la fonction maternelle. Mais on peut se demander pourquoi les enfants ne réagissent pas de la même manière lorsqu'une mère célibataire abandonne réellement et de manière répétitive son enfant dans un hôtel maternel ou un autre lieu, montrant alors une défaillance énorme dans sa capacité maternelle ? Au contraire, dans ce dernier cas (voir chapitre 4), l'enfant se construit toujours une théorie qui innocente sa mère. On peut simplement constater que du point de vue de la représentation que les enfants ont de leur mère, il est préférable pour une mère de quitter le domicile conjugal en emmenant ses enfants, fut-ce dans des conditions matérielles désastreuses, plutôt que de laisser le champ libre aux interprétations paternelles sur son absence[2].

Dans un cadre thérapeutique, il peut être nécessaire que les deux parents soient reçus pour évaluer une telle dynamique familiale, comme le montre l'observation suivante.

1. De tels épisodes pèsent parfois d'une manière qui semble disproportionnée dans la décision judiciaire du lieu de résidence des enfants.
2. Par ailleurs, l'expérience montre que le fait même qu'un père réclame la garde d'un enfant petit, en l'absence de défaillance éducative importante de la part de la mère (nocivité, inconstance dans les soins, troubles psychiques graves), peut être un signe inquiétant, correspondant à un risque de dépression paternelle qui fait que l'enfant est l'objet d'un investissement narcissique particulier, ou à un déni de ce qu'une mère peut apporter à un enfant petit, ou à une volonté d'attaquer cruellement l'ex-épouse par le biais de l'enfant.

Observation 2. Romuald

M. B sollicite une consultation pour son fils Romuald, 12 ans, qui refuse d'effectuer son travail scolaire, s'oppose de manière continuelle à son père et à sa belle-mère chez lesquels il vit, et à sa mère quand il séjourne chez elle. Il présente des signes de dépression : il pleure souvent, se lasse vite de tout, arrêtant ainsi rapidement les activités sportives qu'il débute. Ces troubles sont apparus à l'âge de 3 ans, après le divorce de ses parents demandé par sa mère. Mme B a alors accepté que Romuald reste vivre chez son père, et prend son fils tous les week-ends, une fois le samedi et le dimanche, une autre fois le samedi. M. B répète à Romuald, devant moi, que son fils peut aller chez sa mère comme il le veut.

Une faille dans la préoccupation maternelle apparaît lorsqu'on apprend que Mme B a oublié de téléphoner à son fils pour lui dire au revoir avant de partir en vacances trois semaines aux Antilles. Elle lui enverra une carte postale pendant cette période.

Une impression particulière se dégage des entretiens : le père vient consulter parce qu'il est « coincé » par l'inefficacité de ses mesures éducatives, sanctions avec parfois des coups, ou récompenses, mais donne en permanence le sentiment qu'il ne supporte pas que quelqu'un d'autre que lui s'occupe de son fils. J'effectue mon travail sous surveillance et dans une chasse gardée. Néanmoins les difficultés de Romuald s'améliorent au fil des entretiens jusqu'au moment où Mme B demande à me rencontrer. Elle m'explique alors qu'au moment de la séparation, son mari l'a menacée à plusieurs reprises d'étrangler leur fils ou de l'emmener à l'étranger s'il n'en avait pas la garde, et que c'est pour cela qu'elle a accepté qu'il vive chez son père. Elle m'informe aussi qu'il y a quinze jours, Romuald s'est plaint de l'atmosphère régnant chez son père et sa belle-mère. Mme B lui a demandé s'il voulait venir vivre chez elle, et il a répondu que oui, puis s'est mis à trembler de manière importante après avoir dit cela. Le week-end suivant, Romuald a expliqué à sa mère que lorsqu'il avait dit à son père vouloir aller vivre chez elle, M. B s'était emporté violemment et avait menacé de se suicider.

M. B interrompt alors les entretiens sans explication. On peut penser qu'il lui a été insupportable, pour des raisons tenant à son histoire personnelle, de constater qu'au fil des consultations, Romuald laissait apparaître son désir de renouer avec sa mère une relation maternelle que M. B dénigrait et déniait à chaque entretien, exemples en main. Et seule la rencontre du thérapeute avec la mère a permis de saisir l'ensemble de la conflictualité familiale et celle, intrapsychique, de Romuald.

De tels mouvements psychiques sont différents des demandes de changement de lieu de résidence qu'effectuent un certain nombre d'enfants, en particulier à la préadolescence ou à l'adolescence : ils souhaitent par exemple aller vivre chez le parent du même sexe parce qu'ils désirent avoir des activités communes et un étayage identificatoire « homosexuel » à cette période de leur existence. D'autres ont envie d'expérimenter la vie quotidienne avec l'autre parent, expérience qu'ils ont parfois peu eu le temps de réaliser avant le divorce. Il est alors important de montrer au parent que l'enfant veut quitter, qu'il ne s'agit ni d'un mouvement dirigé contre lui, ni d'un échec éducatif car une telle demande est souvent interprétée ainsi.

Le refus de la séparation

La grande majorité des enfants de parents séparés gardent, durant leur enfance et leur adolescence, la nostalgie de la période où leurs parents vivaient ensemble. Certains réalisent des aménagements matériels qui vont dans ce sens, tels les enfants qui demandent que leur chambre soit meublée et tapissée de manière rigoureusement identique chez leur père et chez leur mère. Beaucoup d'enfants manifestent leur malaise en n'allant « pas bien » pendant quelques heures ou un jour quand ils passent d'un lieu de garde à un autre, par exemple en refusant d'obéir. Il s'agit habituellement de la manière dont l'enfant manifeste sa tension par rapport à la situation sans que cela ait un caractère pathologique ou ne signifie une manipulation de l'enfant par un parent contre l'autre. Mais d'autres enfants refusent avec force l'idée que cette séparation soit irréversible et consacrent une partie plus ou moins importante de leur énergie psychique à lutter contre cet aspect de la réalité. Ceci se manifeste de quatre manières.

1. *Certains enfants tentent répétitivement de remettre leurs parents ensemble.* Ainsi Frédéric, 13 ans, dont les parents se sont séparés lorsqu'il avait deux ans et demi, demande à son père de téléphoner à sa mère pour l'inviter au restaurant, puis au cinéma. Ludovic, 10 ans, dont les parents se sont séparés lorsqu'il avait un an, déclare tous les soirs : « Je veux que papa et maman se remettent ensemble ». Il ajoute : « Quand je suis avec papa, je pense sans arrêt à maman, et vice versa ».

Ces tentatives peuvent être liées à *un vécu dépressif permanent que l'enfant relie de lui-même à la séparation.* Mickael, par exemple (*observation* 5), dont les parents se sont séparés lorsqu'il avait 4 ans, demande à 6 ans à sa mère si elle va revivre avec son père. Sinon, dit-il, il ne lui reste plus qu'à se suicider. À 13 ans, il demande encore à ses parents de reprendre la vie commune.

Observation 3. Albert

Albert, 14 ans, s'est effondré le jour où sa mère a reçu par courrier le jugement définitif de divorce alors que ses parents sont séparés depuis deux ans. Son père est parti vivre avec une autre femme. Depuis la date de réception du jugement, Albert est très déprimé, pleure beaucoup, y compris au collège, et refuse d'y aller depuis quinze jours. Il s'oppose à tous les aménagements proposés, déclarant : « De toute façon, je n'irai plus à l'école ». Pendant la consultation, il tourne le dos à sa mère lorsqu'elle raconte l'histoire du couple. Quand ses parents se sont séparés, il a dit qu'il ne vivrait ni chez sa mère ni chez son père. Il est finalement resté chez sa mère, mais a refusé, à la différence de ses deux frères, d'aller « en garde » les week-ends chez son père, ce qui oblige M. C à se déplacer chez son ex-épouse pour le rencontrer. Albert réunit ainsi ses parents.

Trois sentiments se mêlent dans la manière pathétique dont cet adolescent se débat face à la séparation de ses parents. La dépression, certes, mais aussi *la honte*, affect de la blessure narcissique, de l'humiliation. Ainsi un autre enfant me déclara à grand peine, alors que je le recevais en psychothérapie depuis trois ans, qu'il m'avait caché que ses parents étaient divorcés car cela lui faisait trop honte, refoulant totalement le fait que sa mère, lui, et moi avions évoqué à de nombreuses reprises cet événement lors des premières consultations. Pour ces enfants écrasés par la honte, on a l'impression que les sentiments liés à leur origine s'inversent. L'enfant est habituellement « normalement fier » ou tout au moins « normalement content » de ses parents, alors que pour les sujets dont il est question ici, la séparation rend ces pères et mères non présentables, et la tache déteint sur eux de manière indélébile : Albert n'ose plus affronter le regard des autres élèves. Le dernier affect, c'est la colère qu'il éprouve contre cette situation, plus que contre ses parents, et dont il ne peut rien faire.

2. *Certains enfants refusent toute parole concernant la séparation.*

Observation 4. Éric

Éric, 14 ans, se bouche les oreilles lorsque je parle du divorce avec sa mère, venue consulter pour son agitation et son effondrement scolaire depuis la séparation de ses parents.

Puis il enfouit sa tête dans son anorak si bien que seule dépasse une touffe de cheveux. Lorsque je m'adresse ensuite à lui, il sort de mon bureau en hurlant qu'il m'interdit de parler de cela et qu'il ne pense à rien. Sa mère le ramène dans la pièce mais sa condition pour que la consultation continue est que je n'évoque plus ce sujet. Il ne se détend un peu que quand je lui dis qu'il ne peut pas penser car c'est trop douloureux pour lui de penser qu'il ne parvient pas à faire rester ses parents ensemble. Il refusera de venir aux entretiens suivants, et la suite du traitement aura lieu uniquement en présence de ses parents reçus séparément.

Ou encore, au cours de sa psychothérapie, Guillaume (*observation 6*) se met à s'agiter bruyamment dès qu'une parole du thérapeute porte sur ses pensées concernant la séparation de ses parents, ce qui rend très difficile la poursuite de la séance. Il refuse qu'on parle de cela, alors que l'encoprésie pour laquelle son père et sa mère ont sollicité un traitement s'est installée après cette séparation.

3. *Une autre forme de refus de la séparation, proche du déni, est l'identification de l'enfant au parent absent.* L'enfant maintient ainsi le couple uni à travers lui. Par cette identification, il peut aussi tenter d'empêcher un parent de se déprimer : il lui évite un vécu de perte puisqu'il « présentifie » le parent absent.

Observation 5. Mickael

La mère de Mickael D, 12 ans, consulte parce que son fils n'arrive plus à s'endormir, travaille mal en classe, et ne veut plus rencontrer son père à son domicile car il ne veut plus être en présence de Jeannette, sa concubine. « Papa fait plus de bisous à Jeannette qu'à moi », dit-il. Enfin Mickael réclame toujours que ses parents revivent ensemble et lorsqu'il avait 6 ans (voir *supra*), il a menacé de se suicider s'ils ne le faisaient pas. Mme D s'est séparée de son mari lorsque son fils avait 4 ans car il buvait et pouvait être violent contre elle.

En même temps, Mickael montre des désirs d'apparences œdipiennes présentés avec « innocence ». Il appelle sa mère « mon amour », la caresse et lui demande qu'elle lui caresse le dos, veut coucher dans son lit, ce que la mère accepte finalement sur l'insistance de son fils qui refuse de dormir seul, tout en percevant l'aspect trouble de la situation. Mais il s'agit là d'un « pseudo-œdipe » pour les raisons suivantes. Tout d'abord, les entretiens montrent que Mickael ne se situe pas seulement dans un registre d'identification au père avec un désir pour sa mère, mais aussi dans un registre d'*aliénation*, au sens d'une perte de sa liberté. En effet, lorsqu'il se comporte en amoureux de sa mère, il ne fait pas que jouer ses propres désirs ; il se sent en même temps dans l'obligation d'agir de la sorte pour montrer à sa mère qu'elle a toujours un « mari », ceci afin d'éviter un effondrement dépressif total de Mme D. Il court-circuite ainsi l'idée de la perte, attitude d'autant plus nécessaire que Mme D a perdu sa mère il y a deux ans, et présente depuis un état dépressif important (voir *infra* La dépression maternelle à double déterminisme).

L'identification de l'enfant à un parent peut aussi être liée au besoin de ce parent de rester présent dans le couple. Ainsi un père écrit à son fils de 9 ans qu'il doit être le maître de la maison en son absence. Le père de Guillaume (*observation 6*) dit à son fils : « Il n'y a plus que toi qui peux faire taire ta mère », et l'enfant met la main sur la bouche de sa mère quand elle essaye de parler. Ou encore le père de Catherine, 10 ans, lui demande : « Secret juré, dit à ta mère que leur père manque aux enfants et qu'elle doit revenir à la maison ». Catherine n'ose pas transmettre ce message à sa mère, mais à la place, elle se met à se comporter comme son père en reproduisant son caractère obsessionnel : sans arrêt, elle lave, balaye, ramasse la moindre miette.

4. *D'autres enfants éprouvent des difficultés à se représenter leur origine.* Ces enfants qui ne parviennent pas à penser la séparation et qui ont un besoin impérieux d'avoir le couple de leurs parents unis en réalité, ont des difficultés à se représenter leur conception. Pour Franck, 10 ans, les bébés se font tout seuls dans le ventre. Marjorie pense qu'on a inversé les bébés à la maternité. À 10 ans, Ludovic E explique qu'un bébé pourrit le ventre de sa mère et le rend puant, traduisant ainsi ce qu'il a perçu de la répulsion paternelle pour les ventres de femmes enceintes. Ses parents ont divorcé lorsqu'il avait un an. M. E avait prévenu sa femme qu'il n'aimait pas les bébés et se séparerait d'elle si elle était enceinte, mais Mme E souhaitait avoir un enfant de cet homme. M. E, répétant ce qu'il avait fait lors d'un mariage précédent, est donc parti quelques mois après la naissance de Ludovic, laissant Mme E très déprimée. Plus tard, lors d'une prise en charge avec une éducatrice à l'hôpital de jour, Ludovic dit : « On va voir comment les hommes et les femmes se sont débrouillés jusqu'à présent. L'homme met une poire à lavement dans la zézette de la femme. Quatre jours après, la femme explose ».

Les troubles de la représentation

Les difficultés au niveau de l'activité de représentation, fréquentes (idée proposée par E. Granjon), apparaissent de diverses manières.

1. On est frappé par *le peu de matériel utilisable amené par ces enfants en cours de psychothérapie*. Les outils mis à leur disposition pour symboliser sont détournés de leur fonction : tel enfant se tapote bruyamment les joues avec les crayons feutres, tel autre passe sa séance à mettre du papier au fond d'un bouchon de stylo, tel autre transforme sa feuille de papier en avion, tel autre encore parasite l'entretien familial en faisant divers bruits avec ses mains. Aucun fantasme n'est exprimé pendant longtemps. L'enfant propose des jeux qui ont pour seul but de le distraire et qui ne permettent pas d'accéder à sa vie psychique. Les dessins réalisés sont d'une pauvreté impressionnante. Les paroles du thérapeute qui invitent à penser paraissent totalement incongrues à l'enfant. On a même l'impression que certains n'ont aucune idée de ce que peut être un fantasme, une « réflexion », avec une impossibilité à se représenter ce qui se passe en eux.

2. *Les difficultés scolaires* sont fréquentes : lenteur, passivité, désintérêt scolaire, oubli de ce qui a été appris, chute irréversible des résultats. L'atteinte des processus d'apprentissage est parfois massive : à 10 ans, Frédéric écrit que $4+3=5$.

3. La souffrance psychique se manifeste volontiers sous la forme de *troubles psychosomatiques*, plus que sous une forme verbalisée : sensation d'étouffement, troubles du sommeil, obésité, agitation sous la forme de tripotage permanent d'un objet, encoprésie. Certains enfants qui étaient en bonne santé jusqu'alors se mettent après la séparation à devenir fragiles somatiquement, sous la forme de rhinopharyngites à répétition par exemple.

4. Enfin l'*agressivité* peut être présente sous une forme agie et non parlée : caprices répétés, disputes permanentes, portes claquées, jouets systématiquement cassés.

Les fonctionnements pervers des parents, souvent intériorisés et repris par l'enfant, avec des manipulations d'autrui dans le but de le faire souffrir et de le maintenir sous sa dépendance, ne seront pas étudiés ici car il s'agit d'une problématique spécifique.

On comprend qu'avec des enfants prisonniers du terrorisme de la souffrance, ou qui dénient la séparation de leurs parents, et/ou présentent des troubles de l'activité de représentation, les résultats thérapeutiques soient médiocres et qu'il se produise une grande quantité d'interruptions de soins dans ce contexte. La situation suivante illustre ce genre de difficulté.

Observation 6. Guillaume

Guillaume F a 13 mois lorsque ses parents se séparent. Il débute une encoprésie à l'âge de 5 ans et demi au moment où son père a une fille de son deuxième mariage. Peu après cette naissance, Guillaume demandera : « Pourquoi cette demi-sœur a son papa et sa maman ensemble, alors que moi je n'ai pas droit à cela », et il proposera un peu plus tard à son père de retourner vivre avec sa mère. Au cours du premier entretien qui a lieu en présence de Mme F, Guillaume dit être en colère contre sa mère car il pense qu'elle a eu tort de laisser son père, mais il n'a jamais osé le lui dire auparavant. D'une manière générale, il ne se montre jamais agressif à l'égard de l'un ou l'autre de ses parents. Parmi les raisons de cette absence d'agressivité manifeste, il y a le fait que la situation est extrêmement tendue entre M. et Mme F. M. F ne paie pas la pension alimentaire, est intervenu auprès du juge des enfants pour avoir la garde de Guillaume en disant qu'il était en danger, battu et mal nourri par sa mère, ce qui était inexact, etc. Guillaume évite de mettre de l'huile sur le feu, et pour lui toute expression de colère risque d'avoir une portée destructrice réelle. Un autre obstacle à toute manifestation de colère est la relation que M. F a avec son fils. Du fait d'une histoire personnelle très perturbée (il n'a jamais connu son père car sa mère lui a toujours caché qui c'était, et il a vécu avec un beau-père tyrannique, jaloux et violent), M. F a établi une relation très narcissique avec Guillaume : il veut être un père merveilleux, c'est son expression, et Guillaume fait en sorte d'être un enfant idéal. Aussi lorsqu'il arrive, rarement, qu'ils se disputent, Guillaume est bouleversé, et M. F a l'impression que « tout est anéanti et qu'il vient de se produire un cataclysme ». Le plus souvent, lorsqu'il y a un désaccord, Guillaume se tait complètement.

Cette problématique complexe apparaît de la manière suivante au cours des entretiens familiaux puis des entretiens avec Guillaume reçu seul.

Guillaume se bouche les oreilles chaque fois que sa mère évoque les circonstances de la séparation parentale ou qu'une de mes paroles porte sur ce thème. Il essaye par tous les moyens imaginables de parler avec sa mère pour détourner la conversation, de crainte que nous n'évoquions la séparation ou que nous ne nous disputions et nous nous battions, comme ses parents l'ont fait. Cette crainte que la séparation ne soit parlée se manifeste sous la forme d'une agitation extraordinaire qui n'a lieu que dans mon bureau, et qui stupéfie M. F lors d'une consultation car il n'avait jamais vu auparavant son fils dans cet état. Guillaume s'oppose avec force au fait d'être séparé de sa mère lorsqu'elle quitte mon bureau pour le laisser seul avec moi au moment où un temps d'élaboration individuelle m'apparaît souhaitable. Seul avec moi, il est incapable de produire le moindre matériel ayant un statut fantasmatique. Il est agité, se livre à une activité musculaire effrénée, ne dessine pas sauf des dessins de motifs géométriques parfaitement symétriques qui se chevauchent exactement quand il plie la feuille de dessin en son milieu, représentation probable des deux parties de lui attachées à ses parents et qu'il tente de maintenir égales et soudées. Il propose des jeux dont le thème est toujours une maîtrise absolue sur l'objet, ici le thérapeute, et ne peut avoir la moindre activité organisée, ce que M. F avait déjà souligné en m'expliquant que Guillaume était incapable de jouer seul quelques minutes. À d'autres moments, il vient se coller complètement à moi. On est confronté ici à certaines caractéristiques d'une organisation anale pathologique : la prédominance des actes à tonalité musculaire et d'une maîtrise tyrannique au détriment de l'activité fantasmatique. Toutes ces manifestations sont d'autant plus frappantes qu'elles ne surviennent pas en classe et que Guillaume a pu faire un cours préparatoire et un cours élémentaire première année normaux.

L'encoprésie apparaît alors comme un symptôme qui a de multiples sens : Guillaume reconnaît sans problème garder ses matières fécales dans son rectum et les faire remonter au moment où il pourrait déféquer. Il y a là non seulement l'expression d'une difficulté à se séparer de l'objet au cours de la défécation, mais une manière de le garder en contact perceptif, au contact de la muqueuse anale. On pourrait dire encore, dans une représentation anale de la sexualité, que c'est une manière pour Guillaume de tenir en lui le pénis du père dans le ventre de la mère, et de tenir ainsi ses parents unis. Mais l'encoprésie apparaît aussi dans des moments de désorganisation psychique, par exemple lorsque Guillaume oublie quelque chose que son père lui demande de faire, ce qui l'angoisse beaucoup, ou lorsqu'il craint d'être débordé par la colère. La scène suivante montre comment l'encoprésie peut survenir au moment où Guillaume semble avoir des pensées inconciliables à propos de la séparation de ses parents. Une fois de plus, devant son père, Guillaume fait la comparaison entre ce qui se passe chez son père et chez sa mère. Pendant les vacances, il est parti en bateau avec son père, sa belle-mère et sa demi-sœur, et trouvait que c'était très agréable de faire du voilier. Puis il est allé quinze jours en camping-caravaning avec sa mère et son beau-père. Lorsqu'il revient chez son père, il lui déclare que le voilier, ce n'est pas bien, c'est dangereux, etc. Il dénigre de la même manière la vie à la campagne que son père préfère à la ville où Mme F préfère séjourner. Son père et sa belle-mère finissent par lui dire qu'ils en ont assez des parallèles incessants qu'il effectue entre chez sa mère et chez son père et que chacun peut vivre de manière différente sans que ce soit mieux chez l'un ou chez l'autre. Dans l'heure qui suit, Guillaume fait caca dans sa culotte. Dans de telles circonstances, un enfant est forcément à l'affût des différences, mais Guillaume ne peut pas les penser comme complémentaires, les investir avec un plaisir curieux, il les ressent seulement comme incompatibles et intolérables.

Mme et M. F, conscients des difficultés de leur fils, demandent à se rencontrer devant Guillaume en ma présence. Tous deux reconnaissent qu'ils se sont « comportés comme des enfants » dans les circonstances du divorce et après, et qu'à cause de cela leur séparation a fait fortement intrusion dans la vie psychique de leur enfant. Malgré cette séance assez étonnante, Guillaume dit plus tard qu'il pense que c'est de sa faute si ses parents se sont séparés. Il refuse de plus en plus farouchement de venir en consultation. L'éloignement professionnel de la mère met fin aux entretiens qui, au bout de quinze mois, n'ont pas permis à cet enfant d'aller mieux. Il présente en lui une conflictualité intrapsychique dont on mesure à quel point elle va continuer à l'envahir.

HYPOTHÈSES THÉORIQUES

Comment expliquer les troubles décrits ci-dessus ? Chaque situation est différente et il est toujours risqué de généraliser, mais on peut cependant tenter de repérer plusieurs grands axes de réflexion. Ils se présentent sous la forme de théories qu'il s'est révélé nécessaire d'élaborer successivement, aucune ne suffisant à expliquer les processus observés.

La problématique œdipienne

Dans cette ligne de pensée, le divorce ferait perdre à l'enfant un cadre constitué par le couple de ses parents, cadre qui, habituellement, permet à un sujet d'effectuer un certain travail psychique.

À la période œdipienne, à partir d'environ 3-4 ans, l'enfant est pris dans des mouvements psychiques complexes : il éprouve du désir amoureux pour chacun de ses deux parents, et en même temps une identification à chacun d'eux, c'est-à-dire le désir d'être comme son père et comme sa mère. Dans l'exemple le plus simple, un petit garçon a le désir d'être comme son père, et il éprouve en même temps du désir pour sa mère avec l'envie de lui faire un enfant[1]. Inversement pour la petite fille. Dans un tel processus, un parent est intéressant à désirer *parce qu'il est le mari ou l'épouse de l'autre*. L'enfant peut dépasser cette phase de diverses manières, refoulement, sublimation, déplacement des sentiments sur d'autres personnes, mise en latence de ses désirs, à condition qu'il puisse rencontrer chez ses parents certains interdits, et à condition aussi que le couple résiste à ses attaques et à ses désirs : *il a besoin de constater que ses pensées ne détruisent pas le lien entre son père et sa mère*. La structure œdipienne n'existe donc pas seulement comme fantasme dans l'esprit de l'enfant, mais aussi comme cadre (J.L. Donnet, 1993). Ce cadre est nécessaire pour que l'enfant puisse réaliser un travail psychique difficile : tenir ensemble la représentation d'un couple de parents et la représentation d'un couple sexué homme-femme, en faisant en sorte que ces deux fonctions, parentales et sexuelles, soient complémentaires et ne disjonctent pas. L'enfant sait qu'il a été conçu et accueilli par ses parents. S'il se sent bien avec eux, c'est parce qu'ils sont un couple sexué et qu'ils ont eu une relation sexuelle, mais qu'en même temps ils avaient envie d'avoir un enfant et d'être parents.

Lorsque les parents se séparent, les difficultés suivantes peuvent apparaître.

• Au niveau le plus simple, l'enfant peut avoir le sentiment d'être à l'origine du divorce par ses souhaits de séparer son père de sa mère. Aussi inhiberait-il maintenant son activité de pensée qu'il ressent comme destructrice, d'où ses difficultés de représentation. De plus, on peut imaginer que l'enfant tente de manière incessante de remettre ses parents ensemble dans la réalité pour pouvoir les séparer à

1. En même temps, il a le désir d'être comme sa mère et de recevoir un enfant de son père.

nouveau dans ses fantasmes (J.-Y. Tamet). Ces hypothèses sont tentantes, mais en pratique les interprétations proposées dans ce sens n'ont pas eu d'effet.

• Autre ligne de pensée envisageable : lorsqu'un parent se sépare et qu'il noue une relation avec une autre personne, dans l'image que l'enfant a de ses parents le « sexuel » apparaît de manière désintriquée de la fonction parentale, de la tendresse pour l'enfant, de l'image du couple des parents penchés sur le berceau. Pour l'enfant, habituellement ses parents sont « des amoureux pas comme les autres », en ce sens qu'il consacre une partie de son énergie à refouler la représentation des parents amants. Lorsque les parents reforment un couple avec un autre adulte, l'image du père ou de la mère s'efface derrière l'image de l'amant ou de l'amante, déstabilisant tout le système élaboratif des mouvements œdipiens. Dans cette disjonction entre fonction parentale et fonction sexuelle, l'enfant fait alors appel à des représentations pré-œdipiennes du couple, archaïques ou anales : les parents au lieu de s'unir pour faire un enfant se détruisent, la mère châtre le père, etc., et l'on retrouve le matériel décrit ci-dessus à propos des difficultés des enfants à se représenter leur origine. Mais la clinique montre que cette hypothèse, sans être fausse, est elle aussi insuffisante pour comprendre des troubles présentés par les enfants qui constituent le noyau dur du divorce. Les trois hypothèses qui suivent semblent, dans l'état actuel de nos connaissances, les plus adéquates pour expliquer la profondeur de la désorganisation psychique constatée.

Le registre narcissique et la honte de soi

Les troubles décrits concernent plus souvent un enfant unique ou l'enfant aîné. Il s'agit de l'enfant qui a fait le passage du couple sans enfant au couple avec enfant. On peut émettre l'hypothèse que cet enfant a été dans l'illusion, au sens créatif et positif du terme, de fonder le couple parental (G. Berger-Lapalus). Quand le couple se dissout, l'enfant pense qu'il y est aussi pour quelque chose, se perçoit comme mauvais, et en éprouve un sentiment de honte. Lorsqu'il cherche à maintenir le couple uni dans son esprit, il cherche à retrouver ce avec quoi il a été fait. Le sentiment que l'enfant a de son identité peut donc être atteint à l'occasion de la séparation des parents. Il y a du vrai dans cette hypothèse, mais elle est insuffisante pour expliquer totalement pourquoi il est aussi vital pour ces enfants que leurs parents se remettent ensemble.

La dépendance réciproque (anaclitique)

La symptomatologie décrite soulève une question intriguante. Il existe des couples de parents qui « marchent mal », ce que l'enfant constate sans présenter de troubles de l'activité de représentation tant que ses parents restent ensemble, mais *quand le couple se sépare, la pensée de l'enfant se désorganise*. Il s'effondre scolairement, avec un effet parfois rétroactif lorsque ce n'est pas seulement sa capacité de faire des progrès qui est remise en cause, mais même certains acquis antérieurs. Les choses se passent comme si l'enfant avait besoin d'avoir le couple réel uni devant lui pour que fonctionne son activité de représentation.

Il faut faire appel ici à une hypothèse supplémentaire. R. Roussillon émet l'idée que ce n'est pas parce qu'un couple est constitué socialement qu'il est constitué psychiquement comme un couple. Seule une infime partie de la population parvient à constituer un couple sur le plan psychique. Cela nécessite la rencontre de deux personnes suffisamment différenciées, qui investissent un fonctionnement familial œdipien et représentatif dont les caractéristiques sont les suivantes. Un homme et une femme décident de vivre en couple et d'avoir des enfants dans un projet œdipien lorsqu'ils ont tout deux une identification à leur père et à leur mère qui soutient leur désir d'enfant. Ils ont envie de faire un enfant comme leur père et leur mère, désirent retrouver avec leur enfant les plaisirs qu'ils ont éprouvés enfants, et le plaisir qu'ont éprouvé leurs parents à s'occuper d'eux ; mais pas seulement, car une large partie du projet leur est propre. En même temps, ils fonctionnent à un niveau représentatif : il fait partie de leur projet d'avoir et de préserver un espace pour leur couple malgré la présence de l'enfant, et que leur enfant se détache d'eux lorsqu'il y sera prêt. Dans ces deux circonstances, espace réservé au couple, espace réservé à l'enfant, parents et enfants ne sont pas ensemble physiquement, et cela est rendu possible parce que tous ont la capacité de se représenter l'autre en son absence, de fantasmer à son propos sans être menacé par des angoisses de perte, ou des sentiments trop forts d'envie et d'exclusion. Ces parents excluent à certains moments l'enfant de leurs activités ou discussions, ou s'absentent de manière non excessive pour leur plaisir, par exemple pour aller au cinéma ou chez des amis, tout en gardant une préoccupation parentale pour lui. Et c'est parce qu'il est ainsi *seul en présence du couple* (R. Roussillon, 1988) que l'enfant peut se questionner sur le plaisir que ses parents prennent ensemble et se constituer ce qu'on nomme des fantasmes originaires (qui portent sur la manière dont les enfants sont conçus, dont les hommes et les femmes se séduisent, et sur la différence des sexes).

Dans de très nombreuses familles, l'organisation psychique qui prédomine n'est pas de type représentatif mais de type perceptif et anaclitique. Il s'agit d'un fonctionnement dans lequel un homme et une femme se mettent en couple avec comme principale intention de s'éviter à l'un et à l'autre d'être seul et de ressentir alors un vécu d'abandon. Dans cet étayage réciproque, chacun a besoin d'avoir l'autre présent de manière perceptible, avec comme seul moment tolérable d'éloignement les uns des autres les exigences liées à la profession des parents et à l'école. Tout éloignement d'autre cause déclenche des sentiments d'abandon, de jalousie et d'exclusion. De tels couples ont aussi ce mode de lien avec leurs propres parents dont ils ont de la difficulté à se différencier. L'enfant est pris dans ce fonctionnement. Ses parents ne se positionnent jamais comme couple ayant un espace réservé dont l'enfant doit être absent, ce qui empêche l'enfant d'avoir l'idée que ses parents ont pu ou puissent avoir, seuls, une relation sexuelle au cours de laquelle ils conçoivent un enfant. Ils contre-investissent ainsi toute représentation d'une scène primitive. La conséquence en est que l'enfant ne peut pas élaborer de fantasmes originaires à leur propos. L'idée même de son origine est liée à la présence physique de ses deux parents unis devant lui. Lorsque le divorce survient, ce qui est le plus traumatique est le fait que ce cadre familial où tout le monde était « collé », colmatait jusqu'alors l'absence de mise en place de processus représentatifs sur l'autre. Le fonctionnement psychique de l'enfant fondé sur la perception de l'autre et l'étayage sur l'autre s'écroule, ce qui explique l'effet de la séparation parentale sur sa pensée. L'enfant est atteint dans son identité puisqu'il n'a pu mettre en place aucun fantasme sur son origine. Évidemment, ces parents ont beaucoup de difficultés à penser ou à accepter l'idée d'une psychothérapie pour leur enfant, c'est-à-dire à imaginer qu'il puisse avoir un espace-temps personnel pour penser, et risquent d'interrompre un tel traitement à tout moment. De tels enfants ont donc besoin de savoir leurs parents unis pour pouvoir penser, sinon ils consacrent leur énergie à réunir le couple à travers leur comportement, comme le fait Mickael lorsqu'il va dans le lit de sa mère. Et il n'est pas certain que l'on puisse soigner cette forme de souffrance humaine.

La dépression maternelle à double déterminisme

Il est fréquent que la mère ait traversé une période dépressive en constatant la mésentente du couple lorsque l'enfant avait moins de 2 ans et qu'il était encore en période prélangagière. L'enfant, face à ce qu'il a ressenti comme un retrait de l'investissement maternel, a alors développé des comportements de collage et d'hypervigilance à l'égard de sa mère : il ne pouvait pas se permettre de la lâcher des yeux, de ne plus la toucher, pour se la représenter, rêvasser, fantasmer, car il sentait qu'elle ne gardait pas de préoccupation psychique à son égard même si elle demeurait présente physiquement. Ce que montrent les entretiens avec les parents dans ces situations, c'est que cette dépression maternelle se situe à deux niveaux.

À un premier niveau, la mère s'est déprimée en constatant qu'elle était désinvestie par son mari après la naissance. De plus, peut-être a-t-elle eu le désir de réinvestir une vie de femme, avec l'envie que son enfant parte aussi, et elle s'est sentie coupable lorsque les symptômes de l'enfant ont augmenté. Peut-être au contraire a-t-elle craint de vivre avec un autre homme par peur que cette relation ne résiste pas non plus à l'usure du temps, et l'enfant a servi d'écran pour la protéger d'une nouvelle relation amoureuse à ce moment-là. Quoi qu'il en soit, il apparaît que dans ce contexte, les mères parlent trop facilement de leur dépression, qu'elles l'utilisent pour masquer inconsciemment un sentiment de dépression plus profond.

En effet, un deuxième niveau de dépression maternelle existait sous une forme latente dès la naissance de l'enfant, et si la mère s'est déprimée de manière aussi profonde au moment du départ du père, c'est parce qu'elle avait une sensibilité à la perte qui datait de ses propres relations avec sa mère. Dans ce contexte, il apparaît que l'enfant a toujours été un gêneur par rapport à l'organisation narcissique maternelle. De telles mères peuvent se comporter correctement avec leur enfant, mais la question fondamentale concerne leur absence de disponibilité interne lorsqu'elles sont en sa présence. Leur vécu dépressif s'exprime par un retrait permanent sans grande apparence de désorganisation, mais plus grave que celui lié au départ du père, un retrait vers un objet intérieur, vers une image maternelle idéalisée (la mère de la mère), sorte d'objet interne de passion mélancolique. Pour l'enfant, la mère est alors complètement perdue.

3

L'enfant face à l'adoption

De nombreux enfants adoptés ne présentent pas les troubles décrits dans la suite. Si beaucoup d'entre eux se posent de manière répétitive des questions sur leur origine, cela n'envahit pas leur vie psychique. Il ne sera donc question ici que des enfants pour lesquels une consultation en psychopathologie de l'enfant s'est révélée nécessaire.

D'un point de vue méthodologique, pour dégager les processus psychiques spécifiques aux enfants adoptés, il faut essayer de différencier ce qui est dû à des interactions précoces défectueuses, voire catastrophiques, et ce qui peut être attribué à l'adoption elle-même. Deux groupes d'enfants peuvent donc être distingués.

Le premier groupe concerne des enfants qui ont été adoptés assez tôt, avant 8-9 mois. Ils ont souvent été abandonnés ou retirés précocement à leurs parents biologiques. On peut penser pouvoir mieux repérer chez eux les difficultés liées au fait d'avoir été adoptés. Cela est à nuancer fortement suivant les situations car des interactions précoces angoissantes entre mère et enfant peuvent laisser des traces indélébiles dès les premiers mois de la vie. De plus, on connaît les dégâts irréversibles provoqués par des séjours de quelques mois dans certaines pouponnières[1].

Le deuxième groupe concerne les enfants qui ont été adoptés tardivement, environ après 10 mois. Pour eux, la pathologie liée à une défaillance parentale grave ou à la vie en collectivité infiltre plus ou moins massivement les troubles en relation avec l'adoption. Cette pathologie sera décrite en détail au chapitre 4.

Les questions soulevées par l'adoption nécessitent pour être abordées que soit d'abord donnée une définition de ce qu'on nomme « lien parents-enfant ». Le plus simple consiste à *définir le lien comme les modalités de contact physique et psychique avec autrui, ce qui inclut la manière dont un enfant pense que ses parents sont à son origine.* Ces modalités de contact recoupent une large gamme de processus que l'on peut situer, de façon très schématique, à deux niveaux.

Le premier niveau, qui permet l'organisation même de la vie psychique, se déroule à une période où se mêlent les expériences corporelles et affectives. Le lien qui s'installe entre l'enfant et le monde extérieur lui permet d'acquérir le sens de l'identité en référence à un identique, dans une relation en miroir, et dans une relation d'étayage. Le bébé a besoin de passer par des relations en « écho » avec une personne qui lui renvoie en miroir ses gestes, mimiques, sourires, balbutiements, sentiments, ce qui lui permet de se représenter comment il est lui-même. « Je suis car je suis comme l'autre. » Cette identification au parent comme

1. À ce titre, l'idéal serait que soit respecté le délai légal minimum de deux mois pour qu'un enfant soit effectivement adopté, temps qui dans certains départements est souvent prolongé.

première forme d'attachement, décrite par Freud, protège l'enfant d'une des angoisses les plus précoces et les plus importantes de la vie psychique, l'angoisse de non-assignation, angoisse de n'être relié à personne.

Dans un registre plus élaboré, le lien est le résultat d'expériences d'identification réciproque, « contrat narcissique » anticipé par les parents dès la naissance de l'enfant (P. Castoriadis-Aulagnier,1975), dans lequel chaque membre de la famille se reconnaît semblable à l'autre dans l'acceptation de certaines valeurs, certains projets, certaines manières d'être, sans obligation de similitude totale. À un niveau encore plus mentalisé apparaît la filiation symbolique qui repose sur des moments partagés de bien être, des expériences de la vie affrontées ensemble avec un étayage réciproque, des expériences de rivalité surmontées. Par ailleurs, G. Rosolato (1989) souligne qu'il n'y a pas de filiation sans transmission, et pour parler d'un lien de filiation, il faut que soit présent un sentiment de plaisir à transmettre de la part des parents et un sentiment de gratitude et de dette de la part de l'enfant qui reçoit.

L'ASPECT TRAUMATIQUE DE L'ADOPTION

À partir de l'expérience des adoptions internationales, H. et J.-P. Waber (1994) soulignent les processus suivants. Les enfants et adolescents étrangers qui peuvent évoquer le moment de l'adoption relatent une expérience de tonalité angoissée qui contraste avec l'immense joie ressentie alors par leurs parents adoptifs. Ils décrivent un état de stupeur durant le voyage qui les amène dans leur pays d'adoption. Ils se rappellent la désorientation et la détresse qui les ont obligés à s'accrocher souvent de manière instantanée à une personne préférentielle, en général la mère adoptive. Cela produit chez elle une réaction immédiate d'attachement ainsi qu'un mouvement d'identification et de protection envers un enfant si démuni. L'enfant éprouve le sentiment d'être mis en situation de passivité face à un discours qui le dépasse et décide pour lui. Cette période peut induire chez l'enfant la croyance que seul l'environnement a un effet sur lui et non l'inverse. Face à cette passivité traumatique, il mobilise toutes ses défenses de façon autant fonctionnelle que dysfonctionnelle : agrippement anxieux, conformité aux désirs d'autrui, ou hyperactivité toute puissante. Son avenir est fait par ses parents, ses propres efforts n'ont pas de signification véritable. Cela est en partie à l'origine de la tendance à la passivité que l'on retrouve fréquemment chez les adolescents adoptés. Certains d'entre eux sans enthousiasme ni désir personnel, manquent d'énergie face à l'effort constant auquel ils doivent se soumettre dans leur scolarité. Dans leur métier, ayant de la peine à prendre une initiative, ils préfèrent servir. Pour eux, la tentation est grande de se décharger sur quelqu'un qui sait. Ils ont besoin de se soumettre pour se faire autant oublier qu'accepter. Interrogés à l'adolescence, ces enfants disent qu'il leur a manqué une étape, un temps de « peau à peau », de contemplation réciproque pour explorer la qualité des sensations nouvelles, vérifier la sincérité de l'affection offerte. Il leur a fallu s'adapter rapidement, avec la nécessité absolue d'un rétablissement de la communication après la rupture de tout repère, ce qui explique entre autres la rapidité d'apprentissage de la langue du pays d'adoption et l'oubli rapide de la langue maternelle[1].

1. On peut espérer que les modalités d'adoption dans certains pays, où il est demandé aux parents adoptifs de rester un mois avec leur futur enfant, diminuent ces phénomènes.

B. Steck (1987, 1992), à propos des adoptions nationales et internationales, souligne les conséquences psychiques de l'abandon, qui laissent une sensibilité à toute séparation et un malaise lié à la différence d'apparence physique : « Maman, si je me lave très bien avec beaucoup de savon, est-ce que je vais devenir blanche comme toi ? » La loyauté filiale demeure forte : aucun enfant adopté ne peut accepter que ses parents naturels soient sans valeur, et il peut développer un mythe autour de ses parents biologiques, s'imaginant qu'ils ont été forcés de l'abandonner. Il peut maintenir ainsi des liens uniques, mystérieux, ou extrêmement vivaces sans jamais les avoir rencontrés : son père et sa mère biologiques sont présents en permanence dans son esprit et c'est à lui ou elle qu'il se confie. Beaucoup d'enfants adoptés prennent la responsabilité et la culpabilité de leur abandon. D'autres l'attribuent à leur famille actuelle. Ainsi un enfant reproche à ses parents adoptifs de l'avoir volé à un moment où il s'était perdu, ou encore il pense que ses parents adoptifs l'ont enlevé à sa mère, car il est impossible qu'une mère puisse abandonner son enfant.

Pendant toute sa vie, l'enfant adopté doit équilibrer ce *roman familial* [1] concernant ses parents biologiques avec la réalité qui lui crée des obligations envers ses parents

1. La constitution du roman familial correspond à un processus normal du développement affectif de l'enfant. Au moment où ce dernier est déçu par ses parents parce qu'il constate qu'ils ne sont pas aussi puissants qu'il l'imaginait, ou parce qu'il échoue à les séduire à la période œdipienne, ou parce qu'il se heurte à leurs interdits, il fantasme être né non de ses parents réels, mais de parents prestigieux, roi, reine, ou autres. Il construit leur image comme il les voudrait (M. Soule, 1988). Par ce roman familial, l'enfant agresse et rabaisse ses parents sous un aspect tout en idéalisant d'autres images parentales (J. Laplanche et J.-B. Pontalis, 1993). Mais à la différence des enfants adoptés, ce roman familial est refoulé, oublié par la suite.

adoptifs. Quand l'enfant ne trouve pas d'issue intrapsychique à cette tension, ce mythe ne peut être ramené à des proportions réalistes que lorsque devenu adolescent, le sujet entreprend de rechercher et de rencontrer ses parents biologiques, non sans un sentiment de blesser ses parents adoptifs. Cette rencontre est habituellement un choc. Le parent biologique est un étranger comme n'importe quel autre. Tout l'amour qui lui a été porté se gèle, la déception est immense. Les jeunes ont l'impression que le château de leur famille d'origine tombe en ruine, que toute leur vie intérieure est détruite, cassée. Comment s'identifier à un père ou à une mère dont l'image intérieure ne correspond nullement à la réalité extérieure ? Mais en général, ces adolescents ne regrettent pas cette démarche. La corde qui les attache à leur passé semble enfin se dénouer, ce qui libère une énergie psychique qui leur permet d'envisager leur avenir.

B. Steck ajoute que le roman familial ne peut être utilisé comme un jeu fantasmatique pour l'enfant adopté, puisque pour lui, les deux couples de parents entre lesquels il établit un clivage, un bon couple d'un côté, un mauvais de l'autre, sont réels.

Cette introduction très rapide montre que la vie psychique de l'enfant adopté a une spécificité. Certes on entend dire fréquemment que tout lien de filiation est une adoption, en ce sens que tout parent biologique doit « adopter » son enfant, et que réciproquement, ce dernier doit adopter ses parents. Mais cette « adoption »-là est favorisée par l'expérience de la grossesse vécue corporellement par la mère et émotionnellement par les deux parents, par la préoccupation maternelle primaire qui suit l'accouchement, par le contrat narcissique familial projeté d'emblée sur l'enfant. De même, l'affirmation selon laquelle élever un enfant adopté est à la portée de nombreux couples car cela ne pose pas plus de problèmes que l'éducation de n'importe quel enfant (M. Soule, 1988) paraît trop optimiste dans un certain nombre de situations. Pour sa part, D.W. Winnicott (1955) indique qu'étant donné les conséquences des carences physiques et psychiques précoces, les parents adoptifs peuvent être appelés à fournir un traitement en plus d'une éducation. Il n'est pas possible non plus d'adhérer complètement aux affirmations selon lesquelles le roman familial d'un enfant abandonné va se construire de manière absolument identique à celui d'un enfant vivant avec ses parents biologiques, et selon lesquelles « les enfants adoptés sont des enfants comme les autres qui ont les mêmes fantasmes et les mêmes idées. Ils grandissent, évoluent et se situent par rapport à leurs parents, c'est-à-dire ceux qui s'occupent d'eux avec toute leur affection et leur amour. » (S. Kipman, 1988) Les situations cliniques qui suivent montrent la complexité à laquelle sont confrontés certains enfants qui ont subi cette séparation particulière qu'est l'abandon suivi d'adoption[1].

L'ADOPTION PRÉCOCE

À la différence des enfants adoptés tardivement, le plus souvent ces enfants, même lorsqu'ils ont des difficultés scolaires, présentent peu de troubles de la représentation de soi (M. Berger, 1992), peu de passages à l'acte réalisés dans un climat plus ou moins hallucinatoire, et une atteinte narcissique limitée. La question prédominante chez eux est *la difficulté qu'ils éprouvent à penser leur origine*. Deux exemples illustrent cette problématique.

1. Étude réalisée à partir de vingt psychothérapies d'enfants adoptés.

Observation 7. Pierre

Pierre G, 16 ans, né en Corée, a été adopté à 9 mois. Ses parents ont déjà consulté un premier psychothérapeute, mais Pierre garde ses symptômes : il ne leur parle plus depuis quatre ans et présente des difficultés scolaires depuis la sixième. Il est en seconde actuellement et n'arrive pas à travailler seul pour de nombreuses raisons.

– Tout d'abord, il dit que depuis « toujours », il ne pense pas plus que quelques minutes et n'arrive pas à faire tenir deux idées ensemble. Plus même, elles se repoussent comme deux aimants.

– Deuxième raison, Pierrre est très passif. Ainsi, il m'explique s'être fait une entorse au poignet parce qu'« un ballon l'a heurté » sans pouvoir penser qu'il a pu être à l'origine d'un geste mettant sa main sur la trajectoire du ballon. Il reste aussi souvent longtemps silencieux pendant les entretiens, attendant que les impulsions viennent de moi. Mais cette apparente passivité constitue un contrôle serré de son agressivité. Ainsi lorsque ses parents lui refusent une sortie, il ne peut plus faire son travail scolaire, retournant sur lui de la sorte l'attaque destinée à ses parents, mais il ne peut pas leur demander le pourquoi de leur décision, la négocier ou exprimer son mécontentement.

– Enfin, il a beaucoup de difficultés à apprendre les langues étrangères, et lorsqu'il m'en parle, il se rappelle un moment de confusion éprouvé récemment au cours d'un voyage en Italie lors du passage de la nourriture française à la nourriture italienne. J'évoque alors son changement de nourriture lorsqu'il est venu de Corée : il a été confronté à la fois à une langue étrangère, une nourriture étrangère et à des visages nouveaux. Il me répond qu'il sait qu'il a fallu le remettre au riz à cette période, et il pense que ses parents ont voulu le changer d'alimentation trop rapidement. Il ajoute que pour lui, la culture française a été un gros bloc à avaler d'un coup, et qu'il a dû la mettre en morceaux pour y arriver. En tout cas, c'est sa reconstruction après coup.

Suite à cette évocation de l'étranger, Pierre explique qu'il veut dire à ses parents qu'il ne les a pas adoptés. Ceux-ci lui proposent d'aller avec lui en Corée, mais lui veut y aller seul et, s'il s'y sent bien, y rester. Lorsqu'il voit aux Jeux Olympiques un Asiatique combattre un Français, il espère que l'Asiatique l'emportera. Je souligne alors que ses deux origines, au lieu de s'additionner et qu'il puisse penser ainsi avoir l'avantage des deux, se combattent en lui. Il est très étonné par cette remarque et me dit qu'il veut expliquer à ses parents pourquoi il ne peut pas leur parler, ce qu'il ne fera pas tout de suite, comme nous le constaterons.

Il évoque ensuite une expérience survenue lorsqu'il avait 8 ans. À cet âge, en se regardant un jour dans un miroir, il a ressenti comme une explosion en lui car il a constaté à cet instant qu'il n'avait pas la même peau que ses parents. Depuis, il a honte et ne peut plus se regarder dans une glace. Cet événement s'est produit juste après l'arrivée, dans sa famille, de sa sœur, elle aussi coréenne, sur laquelle il a lu l'étrangeté de son propre visage, sœur qu'il rejette impitoyablement depuis. Cette crise évoque la crise des 8-12 mois décrite par Sami Ali (1977) et Lacan. Mais pour Pierre, la découverte de la différence entre son propre visage et celui de ses familiers n'a pas pu être jubilatoire car elle a coïncidé avec sa venue en France, et s'est produite dans un climat de confusion et de dépersonnalisation. Tout lui était alors étranger de manière angoissante, alors qu'habituellement, l'enfant supporte la constatation de la différence entre lui et l'autre et en tire un plaisir et une affirmation de son identité propre, parce que cette découverte survient sur un bon fond commun d'indifférenciation : son visage est différent de celui de sa mère, mais elle reste cependant la même mère sécurisante, point de référence immuable.

Pierre me demande alors : « c'est quoi, une famille ? », et se révèle incapable d'associer quoi que ce soit à ce propos quand je l'y invite. Plus exactement, *il n'a qu'une idée biologique*. D'un côté, il sait que ses parents l'ont sorti d'une situation catastrophique en l'adoptant, mais d'un autre côté, il leur reproche de l'avoir adopté, c'est-à-dire de l'avoir coupé de ses racines. Il constate qu'il ne peut dire à ses parents ni le mot « père » ni le mot « mère » car ça lui donne un frisson, et il préférerait utiliser avec eux le mot « ami ». Mais il ne peut pas le leur expliquer car ils ont perdu un enfant avant lui, et ce serait comme leur en faire perdre un deuxième et leur faire trop de peine.

Suit une série de séances pendant lesquelles Pierre s'oppose à moi tout en travaillant sur sa difficulté à s'opposer à ses parents. Ce faisant, il cherche à éprouver si le lien qui nous lie va résister à ses attaques, expérience qui participe à fonder le sentiment d'adoption réciproque.

Cette opposition entre nous a lieu en particulier un jour où je manifeste mon désaccord à l'égard de l'idée émise pour la n-ième fois par Pierre d'aller en Corée pour de vrai, car cela réglerait ses problèmes. Je lui dis qu'il essaie d'éviter ainsi le travail qu'a à faire tout enfant à l'égard de ses parents, c'est-à-dire de pouvoir se sentir en colère contre eux comme couple et plus particulièrement comme couple d'adultes, et de garder en même temps la relation avec eux. Mon intervention a pour but de débusquer la solution du « fantasme d'auto-engendrement » (P.C. Racamier, 1978), présente ici sous la forme : « je choisis moi tout seul qui sont mes parents »[1].

L'attaque de ses parents, Pierre l'effectue après un nouvel épisode de « confusion-étrangeté ». Un jour où un professeur l'interroge sur les homonymes présents dans un texte de Raymond Devos à propos de la ville de Caen (à quand remonte son origine ?), il se sent alors complètement coupé des autres, et devient incapable de lire la feuille du texte, qu'il regarde tantôt de haut en bas, tantôt de droite à gauche, tantôt en diagonale. Je relie cela à son nom de famille français que je maquillerai en disant qu'il a été adopté par la famille CHANGEMENT. Il y a donc pour lui, dans l'après coup, homonymie entre ce qui s'est passé pour lui en réalité, un changement bouleversant qui a été source de confusion, et

1. Mon intervention est incomplète car d'habitude les parents sont source d'envie pas seulement parce qu'ils sont plus puissants que l'enfant, peuvent avoir des relations sexuelles et une sorte d'amour dont il est exclu, mais aussi parce qu'ils peuvent faire des bébés, ce que justement les parents de Pierre ne parviennent pas à faire.

ses parents adoptifs auxquels est collé « constitutionnellement » le mot évoquant le traumatisme.

Suite à cet entretien, Pierre rentre chez lui et déchire ses blue-jeans avec des ciseaux. Son père le gronde très fortement et Pierre s'enferme alors dans sa chambre. Après un long moment, il demande à son père de venir et lui dit ce qu'il ressent à propos de l'adoption. Pierre me précise qu'il a pu dire cela parce que son père a crié contre lui, et qu'il a ainsi manifesté un investissement à son égard. M. G trouve que c'est une bonne chose que Pierre ait pu commencer à lui dire ce qu'il pensait sur eux. La mère avait simplement préconisé qu'il s'achète un autre pantalon avec son argent de poche. Pierre explique qu'il craignait plus de blesser sa mère que son père, et qu'il lui a été plus facile de « passer » par son père. On est évidemment amené à penser que l'attaque des vêtements était une attaque de la peau de la famille CHANGEMENT. Le père fait face à l'attaque, la mère aussi d'une certaine manière en ne dramatisant pas l'événement et en laissant Pierre choisir la peau qu'il veut.

Au décours de cette thérapie, Pierre dit qu'il ne s'est jamais senti aussi bien. Il parvient à faire tenir deux pensées ensemble et ses résultats scolaires s'améliorent. Il veut parler à ses parents pour se faire pardonner quatre ans de silence. Il devient plus gentil avec sa sœur. Lors d'un dernier entretien, il m'indique qu'il lui a suffi de penser qu'il ne voulait appeler ses parents que « mes amis », sans qu'il soit nécessaire de le leur dire en réalité.

Comment comprendre ce thème qui revient de manière répétitive dans le discours de Pierre : penser que ses parents adoptifs sont ses amis. Certes, c'est une manière de maintenir la prééminence du lien idéalisé avec ses parents biologiques sur le lien d'adoption, avec un roman familial sous-jacent. Cependant d'autres sens peuvent être proposés. Tout d'abord, l'amitié, c'est un amour gratuit qui n'est pas lié à une subordination. Pierre est donc arrivé jusqu'à pouvoir penser qu'il était l'ami de ses parents (S. Chaurang).

Mais on peut aussi émettre l'hypothèse que construire un lien d'amitié, c'est se déprendre de l'amour. En effet, dans une famille adoptive, les membres peuvent se sentir insuffisamment protégés de leurs fantasmes incestueux du fait de l'absence de lien du sang. L'adoption confronte les parents adoptifs à un mouvement différent de la naissance d'un enfant dans une famille. Dans une famille biologique habituelle, suite à une naissance préparée psychologiquement par la grossesse, se produit un long parcours qui va de la préoccupation maternelle primaire, forme la plus forte de l'attachement, à un certain détachement, alors que dans l'adoption, il faut que s'établisse rapidement un attachement, ce qui mobilise une certaine séduction de part et d'autre.

Cette question est présente en permanence chez certains enfants adoptés (ou placés en famille d'accueil) : « Pourquoi avez-vous besoin de moi ? Que me voulez-vous ? » alors que les parents biologiques habituels n'ont pas à se justifier de leur désir d'avoir un enfant, de leur volonté d'occuper la position de père ou de mère sur l'échiquier de leurs identifications, selon l'expression de P. Aulagnier (1989). On peut donc émettre l'hypothèse qu'à 12 ans, Pierre éprouve le besoin de mettre ses parents adoptifs à distance en les appelant « ses amis », pour se défendre contre la poussée sexuelle de la puberté et les pensée incestueuses qui peuvent apparaître à cette époque.

Observation 8. Aurélie

Aurélie H, 14 ans, a été adoptée à 3 mois. Elle passe en quatrième technique du fait de ses difficultés scolaires. Elle refuse d'apprendre ce qui ne lui plaît pas, en particulier les concepts abstraits car elle dit que ça ne sert à rien.

Lorsqu'ils adoptent Aurélie à 3 mois, ses parents constatent que ce bébé élevé en pouponnière s'accroche beaucoup à son biberon et ne regarde pas le visage de celui qui la nourrit. Ce n'est pas une enfant qui buvait des yeux le visage de sa mère au cours de l'allaitement. Selon le personnel de la pouponnière, Aurélie avait de « l'intérêt pour les arbres », ce qui est plutôt inquiétant. Le visage humain, l'humain en général, semblait difficile à investir, comme c'est souvent le cas pour les nourrissons élevés dans des pouponnières où défilent beaucoup d'auxiliaires de puériculture. Mme H fait remarquer à ce moment de la consultation que le psychothérapeute qui avait reçu Aurélie pendant un an auparavant n'avait discuté que brièvement avec les parents lors du premier entretien, et n'avait pas évoqué avec eux ces comportements de bébé et les premières interactions. Pourtant on peut émettre l'hypothèse que la manière dont ce bébé s'accrochait aux objets, plus fiables que les visages, montre que le problème de la trace (voir *infra*) était déjà présent, sous la forme de l'incapacité de laisser une trace de soi chez l'autre et de conserver une trace de l'autre en soi.

Lorsque j'interroge Aurélie sur ce qu'elle sait de son histoire, elle me répond de manière tranchée qu'elle ne veut pas penser à son enfance car ses parents biologiques ne sont rien pour elle. Dit autrement, elle ne veut pas penser à ce qui ne lui plaît pas concernant son origine (voir son refus d'apprendre ce qui ne lui plaît pas). Malgré cette réponse tranchée, je tente d'explorer les théories qu'elle peut avoir sur les causes de son abandon, comme je le fais souvent avec les enfants adoptés. Ce questionnement a deux buts : montrer qu'existe dans ma pensée une interrogation sur la manière dont le sujet articule ses deux histoires, ses deux filiations, et explorer la représentation que ce sujet a de son origine, ce qui organise de manière importante son fonctionnement psychique. Aurélie n'a aucune idée à ce propos. Mais suite à cet entretien, elle pose quand même quelques questions à ses parents et m'énonce sa théorie de l'abandon à la consultation suivante : sa mère biologique l'a gardée en renonçant à une interruption volontaire de grossesse, tout en ne voulant pas l'élever, théorie qui souligne une certaine ambivalence chez cette mère et chez Aurélie. Elle ajoute qu'elle n'a pas envie d'aller à la recherche de ses parents, car si elle les rencontrait, elle leur « casserait la figure » parce qu'il faut être complètement idiot pour faire un enfant et ne pas le garder ensuite. Dans ces conditions, il vaut mieux faire une interruption volontaire de grossesse.

Quant au problème de la trace, il apparaît de plusieurs manières. Aurélie ne range rien dans sa chambre, accumule les objets, et en particulier on a trouvé des pots de yaourts vides dans sa penderie. Face à cette difficulté à se séparer des déchets, je demande à ses parents si Aurélie a eu des problèmes particuliers pour aller aux cabinets, et j'apprends qu'elle ne tire la chasse d'eau que depuis un an.

Reçue seule, Aurélie explique qu'elle a mis les pots de yaourts dans sa penderie pour que son bureau ne soit plus encombré. Je lui fais remarquer qu'il est aussi « fatigant » de mettre ces pots dans une poubelle que dans une penderie, et que si elle a choisi de conserver ces pots, c'est qu'il y a une raison. Peut-être conserve-t-elle ainsi des traces, comme il y a dans son esprit des traces de son passé, des questions sur ce passé, mais elle ne veut ni les regarder ni en tenir compte. Veut-elle en même temps les évacuer et les garder, comme son caca ? Elle me répond que comme les psychologues, je pose trop de questions là où il n'y a pas forcément du sens. Je lui dis alors que je trouve curieux qu'elle ne soit pas curieuse du sens de ses comportements décrits par ses parents. Si elle l'était, elle se rendrait compte qu'il y a peut-être en elle une partie très active qui la commande sans qu'elle s'en rende compte, alors qu'elle croit être maître de ce qu'elle fait. Elle est stupéfaite par cette remarque et demande que le contenu de notre discussion ne soit pas évoqué devant ses parents.

À la séance suivante, j'apprends de ses parents qu'Aurélie s'est mise à ranger sa chambre, mais elle enlève les objets de leur boîte, par exemple des dominos, et les met dans une autre boîte. Je fais remarquer qu'elle reproduit ce qui s'est passé dans son histoire : elle est née d'une famille, à partir du ventre d'une femme, et elle a été mise dans une autre famille.

La mère enchaîne alors sur un événement qui lui a semblé très important. Lorsque Aurélie avait 3 ans, elle a vu une femme enceinte, et a demandé à sa mère si elle aussi était dans son ventre avant de naître, question que posent tous les enfants à leur mère. Mme F lui a répondu que non et lui a expliqué l'adoption. Aurélie a alors tapé sa mère. Cette dernière s'est ensuite beaucoup reprochée d'avoir fait une réponse « théorique ». Elle pense qu'elle a cassé là quelque chose et qu'elle aurait dû attendre plus pour parler de l'adoption. Elle trouve que c'est comme si elle avait manqué à sa fille, en ne satisfaisant pas ses besoins.

Lorsque je reçois Aurélie seule ensuite, elle dit qu'effectivement elle aurait préféré apprendre l'adoption plus tard, à 6 ou 7 ans, car « on comprend mieux ». Il est possible qu'une annonce précoce comme celle-là, bien que répondant à une question de l'enfant, soit venue casser sa capacité de rêverie, au moment où l'enfant était en plein fantasme concernant ses origines (voir *infra*). Mais surtout, cette réponse pose de manière prématurée la question de l'appartenance. La manière dont Aurélie a appris son adoption a-t-elle eu une influence sur son absence de curiosité ultérieure et sur ses difficultés d'apprentissage ?

On peut penser que la question « est-ce-que j'étais dans ton ventre ? », contient de nombreuses interrogations : « vas-tu avoir un autre enfant dans le ventre ? », « est-ce que je peux avoir moi aussi un enfant dans le ventre ? » Mais ceci ne peut éviter un élément fondamental : il n'existait aucune réponse satisfaisante à la question d'Aurélie à l'âge où elle l'a posée, ce qui montre à quel point l'enfant adopté peut être soumis à des dilemmes sans issues. Dire à Aurélie : « qu'est-ce que tu en penses ? », comme les parents le font parfois avec leurs enfants biologiques lorsqu'il pose des questions sur l'origine des bébés, ne serait pas dit ici avec un mouvement de curiosité bienveillante de la part du parent, mais pour gagner du temps si bien que l'enfant reviendra à la charge. Répondre « comme tous les enfants, tu as été dans le ventre de ta maman » entraînera la question « et pourquoi pas dans ton ventre ? », etc. Le problème posé est celui de l'appartenance. D'une manière générale, on se sent appartenir à un groupe lorsque la question de l'appartenance ne se pose pas ; et il en est ainsi pour l'enfant qui vit avec ses parents géniteurs, l'appartenance à un groupe familial est une donnée inconditionnelle, inaltérable, fondamentale pour le sens que le sujet a de son identité. Le lien de filiation ne dépend pas alors des mouvements affectifs de l'enfant, des moments où il aime ou n'aime pas ses parents. C'est sur ce fond de certitude sur son origine et son appartenance que l'enfant va progressivement et tranquillement pouvoir symboliser le lien qu'il a avec ses parents, fantasmer à son propos et à propos de son origine, de manière de plus en plus complexe au fur et à mesure qu'il grandit et que les modalités éducatives se modifient.

Les enfants adoptés n'ont pas ces processus à leur disposition. En effet, l'adoption pose deux problèmes. Tout d'abord, comment symboliser une double parenté, ne dénier ni l'une ni l'autre de ces deux manières très différentes d'être parent : faire ou élever des enfants ? (R. Roussillon) Ensuite, comment gérer ses mouvements pulsionnels d'amour et de haine ? Si l'enfant dit à ses parents adoptifs qu'il ne les aime pas, il peut se demander avec angoisse quel lien va persister entre eux et lui puisque il n'existe pas de lien biologique. Ceci oblige certains enfants adoptés à se retenir pulsionnellement en permanence, comme cela se produit pour Pierre[1].

1. Il faut ajouter à cela que pour la famille adoptive, l'adoption survient le plus souvent après un long passé traumatique de stérilité, d'avortements spontanés à répétition, et de tentatives de traitement de cette stérilité. Cette période s'accompagne d'un vécu dépressif important, parfois presque mélancolique avec des tentatives de suicide chez un parent, ce qui rend difficile pour l'enfant adopté d'attaquer le lien avec ses parents pour en tester la solidité.

Ces deux situations cliniques confrontent à la question : de quelle manière l'enfant adopté se représente-t-il le lien qui l'unit à sa famille adoptive et à sa famille biologique ?

Les familles adoptives et la question de l'origine

La réflexion à ce propos a été facilitée par le fait que les familles adoptives dont il est question ici n'ont jamais tenté d'effacer le passé de l'enfant, à la différence d'autres parents adoptifs qui soumettent leur enfant à un interdit d'évoquer et de penser à ses parents biologiques. Dans cette dernière situation, ces parents répondent à toute question portant sur leur propre histoire qu'il n'y a rien à chercher de ce côté, ni du côté de l'histoire de l'enfant adopté. Dans tous les cas, l'histoire commence avec eux, ce qui rend tout travail psychothérapique quasiment impossible.

Dans les situations évoquées ici, comme celles de Pierre et d'Aurélie, les parents adoptifs éprouvent au contraire des difficultés à constater que certains comportements de leur enfant sont des mouvement normaux d'opposition ou d'envie, sans lien obligé avec les manques de leur histoire antérieure. Lorsque les parents adoptifs d'Éléonore, 8 ans, évoquent le fait que leur fille veut toujours plus d'histoires le soir, ils pensent qu'il s'agit là d'une séquelle des carences affectives qu'elle a subies dans sa petite enfance, alors qu'elle a le comportement exigeant d'une fillette de son âge, qui a besoin de rencontrer certaines limites.

La mère d'Aurélie a une représentation encore différente, nocive en quelque sorte de la filiation. Elle décrit, à propos de sa propre famille, une histoire dans laquelle beaucoup de membres présentent des troubles psychiques graves et envahissants pour les autres, et elle dit qu'un enfant adopté (à cause d'un problème de stérilité) échappera, lui au moins, à toutes les tares de sa lignée. Ainsi lorsque Aurélie ne veut pas penser à sa famille biologique et n'envisage que sa filiation adoptive, on peut dire qu'il s'agit là d'une manière de penser comme sa mère, de faire siens les fantasmes de Mme H, et de s'identifier ainsi à elle (S. Chaurang). Cette filiation sous la forme d'une similitude de pensée entre fille et mère concernant le peu de valeur de la filiation biologique, montre la singularité de chaque situation.

Les métaphores corporelles

Les questions que l'enfant adopté se pose sur la nature du lien qui l'unit à ses parents biologiques prennent la forme d'*un détour par des images corporelles*. Ce processus fondamental apparaît de deux manières.

1. La première « forme » est *la métaphore corporelle du déchet*. L'enfant abandonné se situe de façon plus ou moins importante dans le registre du déchet, avec l'affect de honte qui l'accompagne. Cest la forme que prend l'atteinte narcissique liée au fait de ne pas avoir été accueilli. Pour un enfant, il est plus acceptable de penser qu'il est une « merde » que de penser avoir eu des parents « merdeux ». Aucun enfant adopté n'accepte l'idée d'avoir eu un parent biologique pauvre ou incompétent. Tous préfèrent penser que leur abandon est la conséquence d'un conflit intrafamilial qui a obligé leur mère à les laisser. *Le fantasme du déchet est le négatif fécal du roman familial* : les parents biologiques demeurent idéalisés et c'est l'enfant qui est mauvais.

Ceci soulève la question des particularités du roman familial que se construisent les enfants adoptés. Dans le roman familial habituel, l'enfant fantasme qu'il a d'autres parents biologiques, meilleurs, plus brillants que ses parents réels qu'il rabaisse. Et l'on peut donc penser que tout enfant, adopté ou non, a besoin, à un moment de son développement affectif, de s'imaginer d'autres parents que les siens. Mais dans l'adoption, deux éléments compliquent ce processus. Tout d'abord, il existe réellement d'autres parents biologiques, et le jeu fantasmatique autour du roman familial devient trop proche du réel, prend un poids de réalité tel que l'enfant reste collé à cette mythologie au lieu qu'elle constitue simplement un passage permettant une maturation affective ultérieure. Ensuite, il y a la réalité de l'abandon qui amène l'enfant à se rabaisser pour garder une origine narcissiquement acceptable, voire idéalisée[1].

2. Le deuxième processus, c'est que *toute incertitude au niveau de la filiation entraîne une préoccupation sur l'origine des caractéristiques corporelles*. Ainsi Marianne, 15 ans, pose avec avidité à sa mère qui l'a abandonnée et

1. D.W. Winnicott avait déjà clairement soulevé ce problème lorsqu'il s'adressait à des parents adoptifs en 1955. « Tous les enfants s'imaginent descendre de parents qui ne sont pas les leurs – peut-être d'un roi et d'une reine. Dans la vie de certains, ces idées jouent un rôle important. Ce sont des fantasmes qui sont valables et qui ne sont pas dangereux. Ils entrent dans le matériel de jeu des enfants, côte à côte avec les identifications étroites et réelles au père et à la mère qui caractérisent le jeu "du papa et de la maman" ou celui de la famille. Tout cela est la preuve d'une aptitude qui s'affirme et qui vise à établir une différence entre la réalité et le rêve. Ici, l'enfant adopté se trouve devant une tâche particulière puisque le fantasme d'autres parents se mélange au fait qu'il y a d'autres parents (qui ne sont pas disponibles). Les vrais parents (biologiques) seront-ils perçus comme réels tandis que vous deviendrez une sorte de rêve vécu, ou bien serez-vous les parents indiscutables pendant que l'imagination joue autour de l'idée de vrais parents ? Il n'y a pas de réponse à cette question, si ce n'est celle que votre enfant adopté donnera en établissant sa manière de vivre. »

qu'elle rencontre en ma présence, des questions sur l'aspect physique de son père qu'elle n'a jamais connu. Comment lui ressemble-t-elle ? Pendant une demi-heure, elle passe tout en détail dans cette séance essentielle : la forme des lèvres du père, fines, comme celles de Marianne, les sourcils, la taille, la texture des cheveux, etc.[1] Les fameux liens du sang sont littéraux à ce niveau, il s'agit d'un mode de transmission physique qui est ineffaçable et immodifiable. Comme on l'a constaté avec Pierre, toute incertitude sur la filiation amène l'enfant à se poser des questions sur son corps, sur son aspect. Les êtres humains ne se posent habituellement pas la question de la nature même du lien à leurs parents puisqu'il est caractérisé par son inconditionnalité. « Cest mon père », « c'est ma mère », un contrat narcissique d'amour inconditionnel existe, même s'il peut être l'objet de nombreux conflits. Lorsque le lien psychique ne peut pas être « oublié car allant de soi », lorsque ce lien narcissique donc est ressenti comme manquant, ressurgit le lien biologique. La réponse négative des parents adoptifs lorsque l'enfant pose vers 3 ans la question à sa mère : « Est-ce-que j'étais dans ton ventre ? », entraîne un raisonnement qui est : « Je suis brut de décoffrage, brut de dépotage ». La forme que prend alors la question de l'origine et du lien avec l'autre se présente sous la forme d'une préoccupation concernant l'aspect de son corps, en particulier dans ce qu'il a de plus visible, la peau, les yeux, les cheveux.

1. A. Carel souligne avoir remarqué l'apaisement de certains enfants adoptés reçus en consultation lorsque leurs parents adoptifs peuvent imaginer avec eux comment étaient leurs parents géniteurs. « Tu as sans doute le nez de ton père. » Dans cette sorte de roman familial proposé à l'enfant, les parents adoptifs prennent une position d'« oncle » ou de « tante ».

Ainsi donc, toute incertitude au niveau de la filiation entraîne la recherche d'une sorte de roc du biologique, comme si le critère biologique avait un poids de vérité qui lui donne un pouvoir d'attraction et même de fascination (S. Leclaire, 1989). Cette force attractive du biologique est peut-être liée à l'absence de double, de personne tenant une fonction miroir dans les soins précoces. « C'est dur de ne ressembler à personne », dit un enfant adopté (*Autrement*, 1988, n° 96, p. 211). En tout cas, elle signifie que le parent irreprésentable, absent, jamais connu, exerce une attraction importante dont le sujet ne pourra jamais totalement se déprendre. Est-il possible d'aller jusqu'à utiliser le terme de séduction dans ce contexte où la séduction serait exercée par un absent ? Peut-être, car le mythe d'Œdipe n'est-il pas celui d'un enfant adopté qui n'a jamais connu ses parents biologiques, et l'on sait comment cette histoire s'est terminée ?[1]

1. Le « modèle » d'adoption polynésien est ici très intéressant. La mère qui ne peut pas élever son enfant rencontre celle qui est candidate à l'adoption et décide, si elle lui convient, de lui donner son enfant. Les liens peuvent être maintenus épistolairement, par l'intermédiaire de photos ou de cassettes vidéos. « Don d'enfant ou prêt d'enfant ? », suivant l'expression de J.P. Waber ? Une recherche comparative sérieuse du développement psychologique des enfants soumis à ces deux modes d'adoption serait utile à mener, et elle permettrait d'évaluer le poids du secret sur les origines ou plus exactement le poids de la rupture totale avec les parents biologiques. Dans la législation française (P. Verdier, M. Duboc, 1996), un sujet abandonné peut avoir accès à son dossier concernant ses origines à sa demande, avec une autorisation de ses représentants légaux s'il est mineur, mais une telle demande n'a souvent lieu qu'à l'adolescence.

L'ADOPTION TARDIVE

Je n'évoquerai ici que les processus qui ont été peu décrits par ailleurs. Pour les enfants adoptés tardivement et qui présentent des difficultés psychiques, on retrouve souvent les éléments suivants :

Les théories de l'enfant sur son abandon

Ces enfants ont souvent été l'objet de soins précoces très inadéquats : négligence, sous-nutrition, maltraitance, placements multiples. On pourrait donc penser qu'ils ont un fonctionnement psychique peu différent de celui des enfants qui doivent être séparés de leurs parents (voir chapitre 4). Effectivement, les diverses expériences fondatrices de la personnalité (acquisition d'une représentation cohérente de soi, constitution d'un narcissisme assez solide, possibilité de contenir ses pulsions), ont subi des ratés plus ou moins importants.

L'enfant cause de son abandon

Mais le fait d'avoir été abandonné puis adopté vient donner un sens après coup à un ensemble de traumatismes qui sont communs avec les enfants séparés. La théorie que se fabrique l'enfant, qui est toujours peu ou prou une théorie selon laquelle la responsabilité du rejet lui revient, a trouvé une sorte d'accréditation par la réalité de l'abandon. On est confronté là à la toute-puissance du masochisme, le sujet étant tenté de s'attribuer l'origine de tout ce qui ne va pas (J.-L. Donnet, 1982, 1993). Une forme fréquente de cette théorie est : « Je n'ai pas été gardé parce que je demandais trop ». Le besoin d'emprise et d'attachement du sujet s'est retourné en son contraire : on l'a rejeté. Cette thématique apparaît fréquemment dans les dessins sous la forme du *prédateur*, rapace qui s'empare avec avidité de ce que l'autre possède. Cet animal condense l'image que l'enfant a de lui, trop rapace d'où son rejet et son abandon ; personnage maternel dangereux, avec un aspect de peluche plumeuse mais des serres acérées ; la mère adoptive enfin, qui est venue enlever l'enfant à son milieu d'origine.

Il arrive que certains enfants n'arrivent même pas à s'organiser de fantasme concernant leur abandon, ce qui est de mauvais pronostic. Ils sont alors pris dans un fantasme d'auto-engendrement, comme s'ils s'étaient fabriqués tout seuls, hors de tout principe de causalité, avec même parfois l'idée qu'ils peuvent se fabriquer des parents, être un Pinocchio qui donne une potion à Gepetto pour le rendre heureux et vivant.

Deux spécificités

Comme pour les enfants abandonnés précocément, les théories que l'enfant se construit sur l'origine de son abandon visent à maintenir un lien d'amour avec au moins un de ses parents géniteurs, mais elles présentent deux caractéristiques différentes.

1. *Elles contiennent beaucoup plus de violence* que celles des enfants adoptés précocement. Ainsi Rémi, 13 ans, explique que sa mère ne l'a pas gardé car elle ne le désirait pas parce qu'elle l'a conçu au cours d'un viol commis par son mari. Alexandra, 9 ans, cxplique que sa mère ne l'a pas gardée car son mari ne voulait pas d'enfants et l'a quittée à sa naissance. Si bien que sa mère, en colère contre elle d'avoir perdu son mari, n'a pas voulu s'en occuper. Lorsque son père adoptif part travailler une semaine loin de la maison, Alexandra va mal, comme si elle pensait que c'était à cause d'elle que son père s'éloignait. Cette théorie de l'abandon peut servir de support pour l'organisation d'un clivage : la femme est bonne et l'homme est mauvais ou inversement.

Martial, 8 ans, adopté à 2 ans et demi, explique qu'à 2 ans, au moment où il a dû quitter sa famille biologique, il a vu son père dans une flaque de sang, tué d'une balle de revolver, et sa mère lui a ensuite expliqué que son père lui a dit avant de mourir d'emmener l'enfant à l'orphelinat car elle n'aurait pas de quoi le nourrir. Martial croit dur comme fer à cette théorie qui innocente ses parents.

Ces théories visent à montrer qu'une sorte de violence extérieure a obligé les parents à se séparer de leur enfant. Le lien d'appartenance est ainsi maintenu, tant il est vrai que pour ces enfants, il est plus tolérable de se penser exilé d'un amour mythique à l'égard duquel il peut développer une nostalgie imaginaire, qu'apatride.

2. Il existe souvent une *scène fantasmatique* que l'enfant met plusieurs mois ou années à révéler ou à pouvoir penser, qui montre la manière dont l'enfant a « organisé » dans son esprit la scène de la séparation-abandon (G. Lapalus). Ainsi Alexandra raconte un jour à sa mère qu'elle pense souvent à une maman petite comme Astérix avec un bébé gros comme Obélix. Le bébé ouvre la porte quand la maman la ferme, et il prend la petite cuillère des mains de sa mère pour se nourrir lui-même. On est là devant une représentation d'un enfant qui maîtrise la situation, en particulier l'éloignement lorsque la mère s'en va, et qui peut se nourrir lui-même lorsque la mère le fait mal, mais en même temps, il n'y a aucun plaisir dans l'échange alimentaire. Il est possible que cette scène fantasmatique participe au trait de comportement suivant.

La maîtrise exacerbée

Il existe un besoin de maîtrise permanent qui envahit les relations avec autrui et qui rend la vie familiale et en groupe extrêmement difficile. Même si elle redoute toute séparation et suit sa mère du regard de pièce en pièce dans la maison, Alexandra refuse absolument d'effectuer ses devoirs ou d'obéir à quelque consigne que ce soit. Elle change toutes les règles des jeux, refuse même de faire du ski de fond dans les rails, préférant chuter sans cesse qu'accepter cette « contrainte ». Cette maîtrise particulièrement difficile à traiter peut s'expliquer par le fait qu'il a été vital pour de tels enfants de développer très tôt leur autonomie et de dépendre le moins possible de l'autre. Ainsi Martial, qui refuse tout ordre de ses parents, s'habillait tout seul dès 3 ans. Mais la clinique montre que ce besoin de maîtrise absolue est aussi défensif contre des angoisses archaïques très présentes, ce que révèlent les représentations de l'enveloppe cutanée.

Le moi-peau armure

Observation 9. Martial

Martial réalise le dessin suivant, qu'il commente (*dessin 2*). Il s'agit d'un homme qui a traversé de dures épreuves dans sa vie : il est borgne de l'œil droit et il a des cicatrices autour de l'œil gauche. Chaque fois qu'il sort, il lui arrive un accident supplémentaire. Un serpent est resté collé sur son ventre à un moment où il s'est assis sur cet animal. Ce serpent va mourir car sa peau va s'arracher. À ce moment, je questionne Martial pour lui demander s'il trouve qu'il a une peau différente de celle de ses parents : il répond que oui et il est d'accord pour dire qu'il a le sentiment qu'un morceau de sa peau est restée en Colombie, son pays d'origine. Ensuite le

personnage a des instruments qui se collent à lui. Ainsi une canne s'est collée à sa main droite, et un revolver à sa main gauche. S'il essaie de l'enlever, cela va lui arracher un morceau de peau. Il continue ensuite à surcharger son personnage, et toutes les choses qui s'approchent de lui se collent à lui. Il s'agit d'abord de feuilles, puis de petits cailloux qui se collent sur les feuilles jusqu'à constituer une cuticule, deuxième enveloppe qui empêche les bêtes de l'attaquer. Il ajoute qu'il existe en plus une enveloppe de pierres située tout autour de la feuille et qu'on ne voit pas. On a ainsi un personnage qui s'est fabriqué diverses enveloppes de plus en plus dures avec les éléments hétéroclites qu'il rencontrait par hasard dans son environnement.

Le dessin de la séance suivante montre en partie contre quoi protège cette armure : Martial dessine trois personnages qui se bagarrent avec des objets piquants comme armes. Chaque fois que l'un est battu par l'autre, il est dévoré et ainsi chaque personnage mange l'autre. Le dernier personnage est mangé par une araignée laquelle est ensuite mangée par une plante carnivore qui sera aussi détruite et mise en morceaux. Ceci est inéluctable et il n'y a aucun moyen de s'en protéger.

À la séance suivante, j'apprends que Martial a peur de la mort depuis que son grand-père est très malade. Il ne peut pas dire en quoi consiste cette peur. Il n'a pas d'inquiétude concernant ce que son corps deviendra après la mort, et ne craint pas de souffrir. Finalement, il explique qu'il a peur de faire une chute dans un grand trou noir sans pouvoir s'accrocher à quoi que ce soit. Je lui réponds qu'il s'agit peut-être là d'une crainte de retrouver des sensations qu'il a déjà vécues lorsqu'il était bébé, en lui parlant de la manière dont il a pu se sentir lâché physiquement ou psychiquement par ses parents biologiques. Cette proposition fait diminuer son angoisse. Mais on constate comment cet enfant n'a pas intériorisé de holding maternel, d'où le besoin d'une enveloppe-prothèse (D. Anzieu, 1985). L'absence de la fonction maternante apparaît aussi dans un cauchemar qu'il fait fréquemment : il rêve à l'image inquiétante d'une mère couverte de poils comme un loup, rêve dont le sens sera développé au chapitre suivant : une mère absente est représentée, dans le psychisme infantile, comme une mère loup méchante (G. Lapalus).

Observation 10. Alfred

Les dessins d'Alfred, adopté à 8 ans, montrent comment l'apparition du moi-peau armure peut s'articuler avec la question du déchet. Il réalise trois dessins. Dans le premier, il y a des animaux sauvages éparpillés autour de déchets laissés par les hommes. Chacun des animaux se demande comment il va faire pour régler le problème de ces déchets. Le serpent se dit qu'il va les manger mais la question reste posée du devenir de ces aliments. Deviendront-ils eux-mêmes du caca ? La question posée ici, c'est comment métaboliser les choses mauvaises qui datent de l'histoire ancienne, et la solution trouvée ressemble à un cercle vicieux. Le kangourou pense qu'on peut les remettre dans la terre, mais ces déchets risquent de ressurgir. L'ornithorynque veut s'en débarrasser en les jetant à l'eau, mais constate que cela ne résoud pas le problème. L'autruche a envie de retourner les déchets à leur expéditeur en les jetant sur des maisons situées à côté d'elle.

Dans un deuxième dessin, les animaux peuvent au contraire utiliser ce que les hommes ont produit. Le lapin a acheté des fruits, le dromadaire des chapeaux, la pieuvre des gants de boxe, le kangourou une voiture, le lion des blue-jeans et ils vont tous aller à un carnaval masqué. Sur le troisième dessin, les déchets sont utilisés différemment. Un robot est construit en boites de conserve, il se met à bouger, mais il a peur.

Dans ces dessins, le déchet, qui représente sans doute un mélange du mauvais enfant et de l'amour insuffisant qu'il a reçu, peut avoir trois statuts : être expulsé mais ressurgir sous forme de traces nocives polluantes, ou incorporé mais risquer d'intoxiquer ; être recyclé et utilisé par la libido, mais d'une manière qui semble un peu trop euphorique, maniaque, et donc antidépressive (le carnaval) ; former dans la dernière situation des emballages articulés qui bougent d'une manière qui évoque une peau rigide, sorte d'armure défensive.

Le clivage et le travail sur le lien

Chez de tels enfants, un clivage fait coexister des parties saines et des parties psychotiques, ce qui est souvent difficile à comprendre par leurs parents adoptifs. Et plus l'état de leur enfant s'améliore au cours du traitement, plus les parties qui demeurent psychotiques apparaissent insupportables et inadaptées à la réalité de manière infantile.

De telles situations ne sont pas toujours traitables en psychothérapie et peuvent nécessiter une prise en charge quotidienne en hôpital de jour. L'observation suivante montre comment cette modalité thérapeutique n'est pas forcément liée à un diagnostic lourd (Alexandra n'est pas psychotique), mais peut être nécessaire parce que certains aspects de la pathologie du lien ne peuvent être soignés que par le biais de l'établissement d'un lien quotidien avec un soignant.

Observation 11. Alexandra

Il faut reconnaître que la psychothérapie d'Alexandra, 9 ans, a été un échec sur plusieurs plans. Elle garde un comportement de maîtrise sur les adultes et les enfants, refuse d'effectuer son travail scolaire, est extrêmement agressive avec sa mère adoptive. Le psychothérapeute s'est heurté au fait qu'Alexandra refusait toute réflexion concernant les sentiments qui pouvaient être à l'origine de ses comportements et n'apportait qu'un matériel très pauvre. Tout en poursuivant une scolarité normale, elle rentre à l'hôpital de jour quotidiennement de 11 h 30 à 13 h 30 et tout le mercredi. Chaque jour, elle est prise en charge seule entre quarante-cinq minutes et une heure par une infirmière psychiatrique, qui se heurte très vite aux mêmes problèmes que le psychothérapeute. Cependant, peu à peu apparaissent quelques jeux plus élaborés dont celui d'une mère peu présente auprès de son bébé, lequel pleure. Chaque fois que l'infirmière souligne alors que le bébé doit se sentir mal, Alexandra lui donne l'ordre de se taire. Parfois même, elle se bloque en se tournant vers le mur pendant vingt minutes. Ou elle dit : « Les bébés, ça ne comprend pas, on ne leur parle pas avant deux ans, alors tais-toi ». Sa mère, peu préoccupée d'elle, a signé son acte d'abandon lorsqu'elle avait 2 ans.

Les thèmes de jeu qu'elle propose deviennent de plus en plus lourds de sens : une personne croise une femme dans le couloir d'une maternité et lui donne son bébé car c'est une fille et elle préférerait un garçon. Alexandra, une autre fois, donne le biberon à un bébé adopté, mais comme il ne peut pas le boire, elle le boit à sa place, pendant que l'infirmière lui parle doucement. Ou encore on sépare des bébés veaux de leur mère. Lorsqu'elle se bloque, l'infirmière souligne qu'elle s'est donnée un aspect dur pour ne pas souffrir, ce qui déclenche la colère d'Alexandra : « tant mieux ». L'infirmière se fâche alors très fortement en lui disant qu'elle ne la laissera pas s'enfermer dans cette position. Réponse d'Alexandra : « Je ne t'écouterai pas ».

La prise en charge a donc lieu force contre force, mais sans forçage, et sur le fond d'un lien dans lequel l'infirmière n'accepte pas la coupure comme évitement des affects, parce que dans cette situation particulière, on aboutirait à un traitement interminable. Une telle attitude est plus difficilement envisageable en psychothérapie car les séances, même à deux fois par semaine, seraient trop espacées pour qu'un effet se produise, alors qu'ici, l'infirmière et l'enfant se retrouvent tous les jours, et l'infirmière prend ainsi une place de plus en plus importante dans la vie psychique de l'enfant.

L'effet de ce lien apparaît un jour lorsque l'infirmière doit sortir de la pièce de prise en charge pour répondre à un coup de téléphone impératif. Alexandra hurle : « Je sais bien que tu ne reviendras plus dans la pièce », ce à quoi l'infirmière répond que si, dès que la conversation téléphonique sera terminée. Lorsqu'elle revient, Alexandra l'attend face à la porte, dit qu'elle est prête à répondre à la dernière question de l'infirmière, puis pleure sur ses genoux, affect de tristesse qu'elle n'avait jamais manifesté auparavant et qui réapparaîtra alors de manière de plus en plus importante. Il n'est pas possible d'en dire plus actuellement sur l'évolution de cette prise en charge, mais le matériel et les affects appparus sont beaucoup plus riches et utilisables qu'en psychothérapie.

Parfois l'ampleur des troubles éclate à l'adolescence, quelle que soit la qualité de la famille adoptive et des soins, le sujet part à la dérive, incapable de réaliser un travail psychique, nouant parfois de multiples liens qu'il attaque systématiquement après un temps de grâce plus ou moins court. Dans cette errance dramatique, il ne reprend contact avec sa famille adoptive que parce qu'elle est un lieu où il y a du « connu », mais pas pour établir un lien. Un tel destin, non exceptionnel, détruit la vie des parents adoptifs.

L'idéologie du biologique

Nous venons de constater à quel point la vie psychique de certains enfants adoptés est complexe et douloureuse. Une autre difficulté risque encore de s'ajouter aux précédentes : dans certaines circonstances, la justice des adultes, sous-tendue par ce que je nomme l'idéologie du biologique, peut venir détruire de manière massive les tentatives plus ou moins réussies de l'enfant de se construire une histoire et une appartenance. Au chapitre 4, à propos de l'idéologie du lien, j'évoquerai comment, lorsqu'une décision de séparation parents-enfants apparaît nécessaire pour protéger la vie psychique de l'enfant, tout intervenant, juge des enfants, soignant, éducateur, travailleur social, est durement tiraillé entre son identification à la souffrance de l'enfant et son identification à la souffrance des parents. Rien de tel dans l'idéologie du biologique : l'argumentation de certains juges porte uniquement sur l'application ou l'interprétation du Code civil, et la souffrance de l'enfant qui découlera de la décision judiciaire n'est pas citée, ou évoquée de manière accessoire. Ce qui prime, c'est la filiation, établie dans le droit français de manière déclarative ou génétique, et non la question de la nature des liens que l'enfant a pu nouer dans son histoire.

Deux exemples illustrent cette idéologie.

Observation 12. Sandrine

> Sandrine, âgée de 17 ans 4 mois, accouche anonymement (sous X) d'un enfant qu'elle remet au service de l'Aide sociale à l'enfance en qualité de pupile de l'État. À 3 mois 20 jours, cet enfant est adopté légalement par une famille. Devenue majeure, Sandrine demande auprès d'une cour d'appel que lui soit restitué son enfant. Lorsque ce dernier a 17 mois, la cour d'appel annule l'adoption et ordonne la restitution de l'enfant à sa mère biologique, avec comme argument le fait que dans le Code de la Santé publique, le consentement d'une personne ayant l'autorité parentale est requis pour autoriser une mineure à subir une interruption volontaire de grossesse. Donc selon la cour d'appel, la parole de la personne mineure n'a pas valeur aux yeux de la loi pour renoncer à exercer ses droits de maternité. Lorsque l'enfant a 3 ans et demi, la Cour de cassation casse et annule l'arrêt rendu par la cour d'appel, car Sandrine n'ayant pas reconnu son enfant à la naissance, sa filiation n'était pas établie, si bien que le consentement de cette mère n'avait pas à être constaté lorsqu'elle a remis son enfant à l'Aide sociale à l'enfance. Le texte de la Cour de cassation est d'une certaine « sécheresse » : Sandrine n'est pas la mère légale de l'enfant puisqu'elle ne l'a pas reconnu à la naissance, donc la question est réglée.
>
> L'arrêt de la cour d'appel peut être longuement commenté sur le plan juridique : il y des domaines dans lesquels un

mineur est considéré comme incapable juridiquement, et, pour agir, doit obtenir l'autorisation de son représentant légal (pour les actes d'administration des biens par exemple), et d'autres domaines dans lesquels il peut agir seul : reconnaissance d'un enfant ou rupture du lien de filiation avec cet enfant, exercice de l'autorité parentale sur son enfant, etc. Cette analyse a été réalisée par M.C. Le Boursicot, qui ajoute à son commentaire théorique la notion de douleur psychique pour l'enfant. C'est précisément sur ce dernier point que se situe l'enjeu, pour un spécialiste du psychisme de l'enfant, à partir des deux questions suivantes.

1. Pourquoi les juges de la cour d'appel ne tiennent-ils pas compte, dans leur décision, de l'impact que peut avoir sur un enfant de 17 mois un changement radical de son milieu de vie entraînant la perte des liens avec les personnes qu'il aime, et qui représentent ses repères et sa sécurité ?

2. Comment les juges de la cour d'appel ont-ils pu rendre une telle décision qui rend pratiquement impossible en France toute adoption d'un enfant de mère mineure, et qui condamne alors de tels enfants à vivre en institution ou en famille d'accueil ?

De telles questions n'ont aucun intérêt à être posées lors du débat judiciaire. En effet, l'argumentation de la cour d'appel est telle qu'elle nécessite une réponse dans le même registre juridique pour la contrer. Tout élément portant sur la vie psychique de l'enfant serait balayé.

Observation 13. Céline

Une femme polynésienne, Céline, accouche d'un enfant conçu au cours d'une relation sexuelle unique protégée par un préservatif, avec un homme métropolitain marié, M. I, qui trompe ainsi son épouse. Suivant la tradition du *fa'amu* (don d'enfant), cette femme déjà confrontée à des difficultés financières et mère de trois enfants qu'elle élève elle-même, confie son enfant âgé de quatre jours à un couple métropolitain qu'elle connaît et en qui elle a confiance, en vue d'une adoption simple. Selon la loi appliquée en Polynésie, cette adoption ne peut être effective qu'au bout de deux ans (au lieu de deux mois en métropole). Lorsque l'enfant a 4 mois, M. I apprend que Céline a accouché d'un enfant. Il pense qu'il peut en être le père et effectue une reconnaissance de paternité. Deux mois plus tard, il demande au tribunal concerné d'avoir l'autorité parentale sur cet enfant et qu'il lui soit remis afin qu'il l'élève avec son épouse qui est stérile. Le juge des Affaires familiales considère la requête comme recevable et ordonne une enquête génétique. Celle-ci conclut que M. I est bien le père biologique de l'enfant qui a alors 13 mois.

Lorsqu'il a 16 mois, le juge des Affaires familiales décide donc de confier l'exercice exclusif de l'autorité parentale à M. I et l'enfant devra porter son nom. L'argumentation du juge repose sur le fait que puisqu'il a été démontré que M. I est le géniteur de l'enfant, il est légitime qu'il soit amené à faire connaître son point de vue sur l'entretien et l'éducation de ce dernier, en vertu du droit de surveillance qu'a tout parent sur son enfant. Ainsi il peut faire connaître son accord pour l'adoption de son enfant, à laquelle il est précisément opposé. L'adoption est donc devenue impossible. « Attendu qu'il est inévitable qu'à un moment ou à un autre de sa vie, l'enfant recherchera son origine, qu'il sera informé, quoi qu'il arrive, de l'existence de son père biologique et des démarches effectuées par celui-ci pour le recueillir, ce qui ne sera pas sans conséquences, il apparaît de l'intérêt de l'enfant de vivre avec ses parents biologiques », son père en l'occurrence qui présente plus de garanties que sa mère biologique sur le plan matériel et éducatif. Cependant, Céline montrera qu'elle continue à se préoccuper du sort de son fils en venant le voir pendant trois mois en métropole ; elle interviendra au niveau de la cour d'appel, et portera l'affaire en cassation parallèlement à la famille adoptive. Le jugement se termine sur le conseil donné aux parents adoptifs et à M. I de faire le nécessaire pour que le « transfert » de l'enfant se fasse dans les conditions les moins dommageables pour lui car c'est son intérêt qui doit primer.

Les parents adoptifs font appel. Lorsque l'enfant a 2 ans, la cour d'appel maintient la décision du juge des Affaires familiales en ajoutant dans l'argumentation le fait qu'à l'adolescence, les enfants commencent à souffrir de la rupture avec leur famille biologique et cherchent à retrouver leurs origines.

La Cour de cassation casse la décision de la cour d'appel pour une seule raison : « le ministère public (un représentant du parquet) n'était pas présent à l'audience », ce qui est obligatoire. Il y a donc vice de forme et l'affaire est renvoyée dans une dizaine de mois devant une nouvelle cour d'appel (la décision n'est pas connue à ce jour).

Dans cet exemple, l'idéologie du biologique prégnante chez les divers magistrats concernés peut être repérée à deux niveaux.

Le premier niveau concerne la manière dont la vérité biologique « éphémère » l'emporte sur la constance et la qualité des liens établis avec la famille adoptive[1]. Les magistrats ont raison quand ils disent que l'enfant se posera plus tard des questions sur son histoire et sur son père biologique. Cet enfant a une histoire compliquée qui lui demandera ultérieurement un travail psychique particulier pour qu'il puisse l'intégrer. Mais il est étonnant de constater que les juges citent de manière répétée l'intérêt de l'enfant, sans évoquer les dégâts provoqués par une rupture des liens précoces. Les magistrats sont imprégnés par la question de la filiation biologique à un tel point qu'ils prêtent à l'enfant un fonctionnement psychique identique au leur : cet enfant si petit n'est évoqué dans les jugements que comme préoccupé plus tard par la question de son père biologique, alors qu'il mène une vie tranquille dans sa famille adoptive. Il connaît déjà la réalité de l'adoption puisque ses parents adoptifs ont gardé des liens avec sa mère biologique. Cet enfant a été confié

1. Extrait d'une première décision de la nouvelle cour d'appel : « L'intérêt de l'enfant n'est pas nécessairement sauvegardé si celui-ci est soumis à l'autorité de fait de la famille adoptive alors que les liens de sang qui correspondent à la filiation naturelle établie juridiquement constituent, à l'évidence, une garantie sérieuse de cet intérêt. »

particulièrement tôt à sa famille adoptive, et il n'a pas été l'objet d'un abandon total. Pourquoi dans ce contexte psychologiquement plus favorable que d'habitude, ne pourrait-il pas parvenir à traverser les questions que se pose tout enfant dans sa situation, comme réussissent à le faire un certain nombre d'autres enfants adoptés sans rupture avec leur famille adoptive ? Cette prégnance de l'idéologie du biologique est telle qu'aucun juge, même en cour d'appel, n'a demandé une expertise psychologique ou psychiatrique pour évaluer cette situation d'un point de vue plus approfondi. Seule a été demandée une enquête sociale dont, à la lecture, on ne comprend pas pourquoi elle ne va pas au fond des problèmes posés. Dans une affaire aussi délicate, on aurait pu s'attendre à ce que les magistrats s'entourent du maximum de précautions. Des experts auraient pu explorer les questions non abordées dans l'enquête sociale, par exemple la représentation que le père biologique avait des liens précoces et des besoins d'un enfant tout petit. Ils auraient pu aussi interroger le couple sur la manière dont il pense accueillir un enfant qui rappelle l'adultère, etc.

La seule précaution réellement prise a été l'enquête génétique, ce qui nous amène au deuxième niveau de l'idéologie du biologique. Dans cette histoire, deux sciences sont présentes, la science génétique et la science psychologique. L'enquête génétique est exacte à un risque d'erreur près de 1/250 000. Une masse considérable de travaux psychologiques français et étrangers permet de prédire à près de 100 % que, transféré à 2 ans 2 mois de manière durable dans un milieu qu'il ne connaît pas et à propos duquel certaines questions fondamentales n'ont pas été élucidées, tout en perdant la relation avec ses parents adoptifs qu'il connaît depuis l'âge de quatre jours, et cela même avec un calendrier de quelques jours de rencontres préliminaires comme l'a proposé la justice, cet enfant présentera des troubles de la personnalité : dépression, colères violentes, adaptation de surface aux autres personnes, angoisses, risque d'instabilité affective, de vol, de fugue, au choix ou tout ensemble. La famille adoptive a demandé à la cour d'appel que soit recueilli l'avis de spécialistes de la psychologie de l'enfant, ce qui n'a pas été estimé nécessaire. Aucun magistrat n'a pu penser la séparation, la rupture, tant il était obsédé par la filiation biologique. Pourtant les fondements de l'intégration de ces concepts dans le fonctionnement judiciaire ont été posés avec une clarté lumineuse par un juge et juriste, J. Goldstein en 1973 et 1979, en collaboration avec deux spécialistes de l'enfance, A. Freud et J. Solnit.

4

L'enfant face au placement

À l'inverse de ce qui a été dit à propos des situations de divorce et d'adoption, on peut affirmer que la souffrance et la pathologie de l'enfant séparé de ses parents par une décision le plus souvent judiciaire sont constantes. Leur importance est variable, certains enfants s'en sortent mieux que d'autres, mais d'une manière générale, cette pathologie est sous-estimée de manière importante, voire déniée, ceci pour plusieurs raisons qui tiennent un peu au mode de fonctionnement psychique de l'enfant et beaucoup à celui des divers intervenants.

Dans un ouvrage précédent ont été détaillées les difficultés affectives qui, chez les différents intervenants, entravent la prise de décision d'une séparation parents-enfant lorsqu'elle est nécessaire (M. Berger, 1992). Ce chapitre est consacré à la description de la vie psychique complexe de l'enfant placé, et aux difficultés thérapeutiques qui en découlent. De telles séparations parents-enfants sont habituellement mises en place dans le contexte suivant.

1. Elles concernent des parents qui sont gravement défaillants sur le plan éducatif et affectif. Il s'agit de parents ouvertement délirants, ou paranoïaques, pris dans divers systèmes de croyance. D'autres sont des psychopathes plus ou moins toxicomanes et/ou prostitués, en errance perpétuelle. Certains parents sont bien insérés socialement, mais soumettent leur enfant à des à coups affectifs incessants, lorsqu'ils sont trop déprimés ou débordés par leur violence. Ou encore ils présentent une « psychose blanche » sans aucun autre symptôme qu'un système éducatif dont ils ne réalisent pas l'aspect aberrant. Tous sont incapables de s'identifier aux besoins affectifs et parfois même physiques de leur enfant, et dès les premiers mois de sa vie, ils l'ont involontairement soumis à d'importantes distorsions dans les échanges corporels et langagiers.

2. Il s'agit de parents qui se révèlent inaccessibles à un traitement par des entretiens familiaux. Il est en effet frappant de constater comment, en dix-huit ans de pratique des séparations parents-enfant, aucun parent de ce type n'a pu réellement changer sa manière d'être, bien que nous ayons proposé à tous des entretiens réguliers. Certains parents sont pris dans des systèmes de pensée trop délirants, ou se sentent persécutés à la moindre phrase du thérapeute et y réagissent de manière violente. D'autres manquent la plupart des rendez-vous. Même ceux qui viennent régulièrement en entretien ne parviennent pas à élaborer quoi que ce soit sur leur passé ou sur leur relation avec leur enfant. Malgré l'aide du thérapeute, ce qu'ils ressentent en présence de leur enfant ne peut jamais être perçu par eux comme une projection « utilisable » de ce qu'ils ont vécu enfants, utilisable au sens où elle permettrait une prise de conscience des sentiments qui les envahissent à leur insu. Leur histoire personnelle dramatique est racontée de manière stéréotypée, comme un traumatisme enkysté et gelé qu'il n'est pas possible de mobiliser. Ainsi un père explique qu'il n'y a rien eu de spécial dans son enfance. Quand je lui demande comment ses parents se sont occupés de lui, il me répond qu'ils l'ont fait élever par une nourrice car elle ne prenait que 50 francs par mois pour le nourrir, et ils ne venaient le voir qu'une fois par mois. Il n'éprouve aucun sentiment particulier lorsqu'il raconte cette histoire impressionnante qui aboutit à son incapacité éducative actuelle avec ses enfants. Pour d'autres parents, les tentatives de poursuite des entretiens, au sens d'un véritable travail, d'une réflexion sur la manière dont leurs attitudes éducatives de parents peuvent être reliées à leur propre histoire d'enfant, aboutissent à des bouffées paranoïaques à l'égard du thérapeute et à des ruptures de contact ou à un espacement des rendez-vous, et ceci incite à être prudent dans les tentatives de ce genre. D'autres parents encore viennent en entretien pour se plaindre d'une manière toujours identique et ne demandent aucune nouvelle de leur enfant. Les entretiens cessent de les motiver lorsqu'ils réalisent que le thérapeute s'intéresse aussi à leur enfant, et ils ne supportent pas qu'on se décentre d'eux, même un court instant. Une mère est ainsi venue en entretien pendant huit ans sans demander une seule fois des nouvelles de sa fille ou quel était son comportement à l'hôpital de jour. De la première à la dernière consultation, elle a maintenu les mêmes plaintes concernant son ex-mari, le juge, l'internat où est placé son enfant.

Ce constat, assez difficile à admettre, de l'impossibilité de réaliser un travail thérapeutique avec ces parents a été confirmé par les autres équipes qui ont tenté ce travail. Si un enfant placé progresse, ce n'est presque jamais grâce aux changements psychiques survenus chez ses parents, ce qui rend impossible un retour prolongé dans sa famille. Cela n'empêche pas que persiste l'attachement de l'enfant à ses parents, et nous constaterons qu'il est le plus souvent nécessaire qu'ils continuent à se rencontrer, mais dans un cadre « médiatisé ».

3. L'effet des soins psychiques que l'on propose à l'enfant est balayé par la vie familiale au fil des soirées, des week-ends, des vacances.

Il faut ajouter à ces situations celles où prédominent les sévices physiques ou sexuels.

LA SOUS-ESTIMATION DE LA SOUFFRANCE ET DE LA PATHOLOGIE

Fonctionnement psychique des enfants placés

Comme nous le verrons plus loin, il apparaît que du fait de leur histoire passée, ces enfants présentent un *fonctionnement clivé.* En eux coexistent des parties très adaptées à la réalité, et des parties anciennes qui peuvent resurgir avec la violence des sentiments que ces sujets ont vécus lorsqu'ils étaient bébés ou petits. On a tendance à qualifier ces enfants de caractériels, c'est-à-dire d'enfants pouvant avoir un fonctionnement normal mais ayant des troubles du caractère qui pourraient être « modifiés » par une éducation adéquate. Or ces enfants n'ont pas simplement un caractère « difficile » : ils sont pris en fait dans d'authentiques moments hallucinatoires. Ils sont donc à la fois adaptés, psychotiques, dépendants et dépressifs, et chaque adulte peut ainsi « choisir » ce qu'il veut voir préférentiellement chez eux ou être leurré par leurs moments d'apparente adéquation à la réalité. Un critère simple pour évaluer la capacité de l'enfant à s'adapter au monde extérieur est représenté par la manière dont il se comporte et peut apprendre à l'école.

Mais ce sont principalement des raisons liées au fonctionnement psychique des intervenants qui sont à l'origine de la sous-estimation de la pathologie de l'enfant. Il s'agit de l'indifférence, de l'idéologie du lien familial, du couple et de la fratrie, et de la surestimation des effets thérapeutiques de la séparation. L'ensemble de ces facteurs montre à quel point la construction du cadre d'une séparation parent-enfant est complexe, et comment *elle doit être centrée essentiellement et sans cesse sur les besoins psychiques de chaque enfant particulier*, sous peine d'inadéquation et d'inutilité.

La fréquente indifférence des intervenants

Des membres de toutes les catégories professionnelles qui s'occupent d'enfants peuvent présenter une indifférence tranquille par rapport au devenir d'un enfant à séparer ou séparé, ceci étant favorisé par le fait que dans ce domaine, il n'y a ni comptes à rendre, ni obligation de résultats. Dans ce contexte, lorsqu'une séparation est mise en place parce que l'incapacité éducative des parents ne permet vraiment pas de l'éviter, les intervenants ne pensent pas cette séparation en termes psychiques, mais seulement en termes sociaux, pour pallier l'incapacité parentale, et le cadre proposé alors pour les rencontres dépend essentiellement des pressions parentales. À cela il faut ajouter le fait que de nombreux professionnels de l'enfance, travailleurs sociaux, éducateurs, juges, médecins, etc. présentent une méconnaissance importante de la pathologie psychiatrique grave des adultes et des limites de la thérapeutique en ce qui les concerne (C. Frisch-Desmarez). Plus de trente ans après les travaux fondateurs de M. Soule, J. Noël, M. David, et beaucoup d'autres, de très nombreuses situations de maltraitance physique, psychique ou sexuelle continuent à être prises en charge dans une incohérence colossale. Certaines institutions balayent nos idéaux parentaux et, telles Chronos, dévorent avec insouciance les enfants dont elles ont la responsabilité.

Sans qu'il s'agisse réellement d'indifférence, il faut aussi souligner les difficultés qu'éprouvent de nombreux psychanalystes à se confronter à ce genre de situations et à la gestion de la réalité qu'elles impliquent car, selon eux, ce domaine se situe à la frontière de leur champ clinique. Or il est intéressant que des personnes ayant une formation psychanalytique participent à de telles prises en charge pour aider à comprendre la complexité des processus psychiques en jeu et pour fournir une argumentation clinique et thérapeutique précise qui contre-balance l'idéologie du lien ambiante. Il est vrai que mettre en place une séparation, puis la gérer, revient à se transformer en un cadre ambulant monté sur pattes, dans lequel chaque décision, chaque acte, aura un sens psychique important qui permettra ou non à l'enfant de progresser. Ce n'est pas le but poursuivi lorsque l'on entreprend une formation psychanalytique. Quoiqu'il en soit, le résultat est qu'il existe une sorte de ségrégation psychanalytique à l'égard des « parias de l'assignation » (R. Roussillon). Les balafrés du lien et de la symbolisation resteront encore longtemps en errance psychique, et il s'agit là de destins peu enviables.

L'idéologie du lien familial, du couple, de la fratrie

La troisième raison de la sous-estimation de la pathologie et de la souffrance de l'enfant séparé est l'idéologie du lien, précédemment décrite (M. Berger, 1992), et dont on rappellera simplement ici qu'il s'agit d'une théorie toute personnelle et d'une position de principe, selon laquelle le maintien du lien physique, réel, entre l'enfant et ses parents, a une valeur absolue et intouchable. Or, *la valeur d'un lien n'existe pas en soi*. Il existe des liens positifs, qui fournissent un étayage indispensable au développement psychique de l'enfant, et qui lui permettent d'organiser son monde interne. Il existe des liens négatifs traumatiques, qui sont source d'excitation violente, brusque, prématurée, bref, gravement désorganisateurs, et qui ne permettent que l'établissement de processus pathologiques d'attachement, d'identification. Ce qu'une telle idéologie tente d'éliminer en fait, c'est l'ambivalence que chacun doit gérer en soi, le tiraillement interne entre l'identification à l'enfant et l'identification aux parents.

Dans l'idéologie du lien, l'intervenant s'identifie massivement à la souffrance des parents séparés de leur enfant au détriment de l'identification à la souffrance et à la terreur ressenties par l'enfant en leur présence. Nous savons que cette souffrance des parents concerne plus la perte d'un enfant imaginaire idéalisé que la douleur d'être éloigné d'un enfant réel qu'ils n'ont jamais pu investir en s'identifiant à lui ou en percevant ses besoins affectifs. Une évaluation précise de la manière dont les parents s'occupent de leur enfant montre le fossé qui existe entre la façon dont ils peuvent parler de leur rôle de parent et la réalité.

L'idéologie du lien empêche de penser une substitution valable : mieux vaudrait vivre avec des parents ou des grands-parents inadéquats que ne pas avoir de racines. Mais cette idéologie occulte le principe fondamental du développement psychique : rien ne remplace une fonction maternelle adéquate. Ce qui compte pour un bébé, dans l'état de vulnérabilité où il se trouve pendant ses premiers mois, c'est davantage la capacité de son environnement à s'adapter à lui que sa nature « biologique ». Cette idéologie empêche d'entendre le non-investissement de l'enfant réel par ses parents. D'une manière synthétique, on peut dire que l'idéologie du lien prend à l'envers le problème du lien : penser qu'un enfant doit absolument vivre avec ses parents, c'est ne pas réaliser que *le seul lien utilisable pour le psychisme est un lien de pensée*. Ce qui compte, c'est la représentation que l'on a de l'autre et des expériences, satisfaisantes ou non, vécues avec lui, et non un lien de proximité corporelle (même si au départ, le sujet a d'abord dû passer par un certain nombre d'expériences corporelles adaptées se déroulant entre lui, petit enfant, et ses parents).

Cette idéologie du lien peut fréquemment prendre deux formes plus insidieuses : l'idéologie du couple et de la fratrie.

• *L'idéologie du couple* est à l'œuvre lorsqu'un enfant est rendu à un parent parce que ce dernier s'est mis en couple avec un(e) concubin(e), comme si le fait de former un couple donnait ou redonnait à un adulte une compétence parentale. Or la formation d'un tel couple est de durée souvent imprévisible, et de plus, on ignore habituellement les raisons de sa constitution : dépendance financière, affective, crainte de la solitude, peur d'être frappé par le concubin si on veut le quitter, ou autre ? Il n'existe le plus souvent aucun argument solide permettant d'affirmer que le parent a récupéré une compétence éducative par ce biais.

• *L'idéologie de la fratrie*, qui consiste à vouloir maintenir à tout prix ensemble des enfants d'une même fratrie pour qu'ils « fassent une famille », est illustrée par l'histoire de Daniel.

Observation 14. Daniel

La mère de Daniel, incapable de lui fournir une attention et des soins adéquats, le laisse à une nourrice dès l'âge de 2 mois et ne donne plus aucune nouvelle d'elle. Lorsque cet enfant a 4 mois, la nourrice prévient l'Aide sociale à l'enfance qui le place à la cité de l'enfance du département concerné et recherche sa mère. Cette dernière est retrouvée quand Daniel a 2 ans. Elle ne souhaite pas le reprendre, et par ailleurs, on apprend que depuis, elle a eu un deuxième bébé, une fille, qui a dû être confiée à une famille d'accueil. Les intervenants responsables de cette situation décrètent qu'il faut que ces deux enfants constituent une famille, et pour cela, il est donc nécessaire que Daniel vive dans la même famille d'accueil que sa sœur. Mais cette famille ne souhaite recevoir qu'une fille, et ne veut pas accueillir de garçon. Les intervenants disent alors à cette famille d'accueil : « Si vous ne prenez pas le garçon, on vous retire la fille », position qui ne repose que sur une idéologie de la fratrie puisque les deux enfants n'ont pas vécu un seul jour ensemble. La famille accepte à contre-cœur, mais alors que la fille continue à être bien investie, son frère sera traité comme un souffre-douleur, n'ayant pas le droit d'éclairer la pièce des cabinets lorsqu'il s'y rend, ni celui de franchir une ligne blanche marquant au sol la limite du territoire des deux enfants. Le placement n'est suivi que de très loin par les intervenants qui n'ont donc aucune connaissance de ces faits. À 13 ans, Daniel n'a comme seule solution que d'avoir un comportement suffisamment difficile pour devoir être retiré de cette famille. Il présente alors des troubles du comportement qui, pendant la suite de sa vie, entraveront longtemps son développement psychique et sa capacité d'être heureux.

La loi du 30 décembre 1996 introduit dans le Code civil le principe de la non-séparation des enfants en cas de placement, ou de divorce des parents, mais de manière nuancée : « L'enfant ne doit pas être séparé de ses frères et sœurs sauf si cela n'est pas possible ou si son intérêt commande une autre solution. » Et la pratique de l'expertise dans les situations de divorce montre qu'il n'est pas rare que certains enfants d'une même fratrie préfèrent vivre l'un chez son père, l'autre chez sa mère, avec parfois une rivalité féroce entre eux. Cette rivalité peut aussi exister dans les situations de placement et rendre ingérable tout accueil familial recevant les deux enfants. Ce n'est pas parce que deux enfants appartiennent à la même fratrie qu'ils s'aiment, peuvent s'étayer l'un sur l'autre, et tirer bénéfice à vivre ensemble.

L'idéologie du lien est un problème qui surgit et resurgit sans cesse dans les prises en charge d'enfants séparés de leurs parents. Elle est à l'origine du hiatus qui existe entre ce que les intervenants disent et ce qu'ils font. Ainsi lors d'une visite médiatisée concernant une situation de séparation grand-mère-enfant (cette grand-mère très pathologique avait élevé son petit-fils jusqu'à l'âge de 6 ans), les rôles respectifs des membres du service de pédopsychiatrie dans lequel je travaille et d'une assistante sociale d'un autre service avaient été soigneusement définis, avec un accord sur tous les éléments du cadre et la conduite à tenir. Malgré cela, l'assistante sociale bascula tout d'un coup vers une identification massive à la grand-mère : elle colla sa chaise contre celle de la grand-mère, et se mit à excuser cette dernière de n'être pas venue à la visite précédente, en disant à l'enfant que sa grand-mère était vraiment très enrhumée ce jour-là, « elle avait le nez qui coulait tellement qu'elle n'arrivait même pas à respirer, et c'est pour cela qu'elle n'a pas pu se déplacer ». En réalité, cette grand-mère n'était pas venue à deux reprises car elle investissait peu l'enfant et ce dernier avait à cette occasion réalisé un important travail psychique : il avait pu pour la première fois penser un sentiment de colère à l'égard de sa grand-mère à cause de ses absences et il avait décidé d'en faire part à cette dernière. Du fait de l'attitude de l'assistante sociale, il ne put que lui dire à voix très basse : « tu m'as oublié », ce qui fut nié par l'assistante sociale.

Même lorsque nous y veillons, nous ne sommes jamais à l'abri de cette idéologie du lien, car ne pas se laisser entraîner par elle n'est pas acquis en soi une bonne fois pour toutes. Nous sommes toujours prêts à céder, et maintenir la prédominance de l'identification à l'enfant est une position qui n'est tenable que si on est soutenu par un groupe, par une équipe.

Observation 15. Julien

Ainsi la mère de Julien, 7 ans, enfant séparé de ses parents, me téléphone un jour pour me faire subir sa colère. Ses paroles sont si soudaines et violentes que pendant quelques minutes, je suis pétrifié au téléphone comme si j'étais attaché à un poteau d'exécution face à une mitrailleuse, puis je récupère un fonctionnement psychique normal et trouve les paroles pour la calmer. Pourtant, lorsque quelques jours plus tard, Julien me demandera clairement s'il peut éviter d'aller chez sa mère lors des visites qui durent trois heures une fois par mois, et la rencontrer seulement dans le service de psychiatrie lors de visites médiatisées, car il a trop peur lorsqu'elle se met en colère, pendant un moment je penserai, sans le lui dire, qu'il peut bien supporter les colères de sa mère puisqu'il ne reste que quelques heures chez elle. Dit autrement, alors que j'étais bien placé pour m'identifier à lui, j'ai préféré, pendant mon temps d'hésitation, effacer de mon esprit, dans un mouvement protecteur pour moi, le souvenir de la terreur que j'avais éprouvée face à sa mère. Je mettrai en place la modification demandée par Julien, mais cet exemple montre un des processus les plus puissants qui sous-tend l'idéologie du lien : le refus actif de la part des intervenants de s'identifier à des sentiments insupportables de terreur, de rage, d'impuissance, d'abandon. C'est parce que chaque intervenant est autant touché personnellement et concerné au niveau de ses propres imagos parentales qu'il est impossible de proposer des protocoles ou un modèle généralisable de « conduite à tenir » aux personnes qui interviennent dans de telles situations. La gestion cohérente des séparations ne pourra donc toujours être que le fait de personnes travaillant en petit groupe, réunies autour d'un projet commun qui est une sorte de défi pour infléchir positivement le destin de quelques enfants. Et comme on le constatera, cette gestion cohérente elle-même ne représente que le début du travail : même avec des visites médiatisées très cadrées (voir p. 132), un enfant comme Julien est resté envahi pendant des années par les questions relatives à son origine.

La surévaluation des effets thérapeutiques de la séparation

Une séparation protège un enfant, c'est tout. Elle ne peut suffire en soi à traiter ses difficultés psychiques. En effet, de tels enfants ont été soumis avant la séparation à des expériences très inadaptées et angoissantes, dont les effets ont été dévastateurs sur les trois grandes lignées constitutives de l'établissement de la personnalité.

1. La lignée de la représentation de soi concerne les échanges corporels et affectifs précoces. On sait en effet qu'un des premiers rôles des parents consiste à proposer à leur enfant, depuis qu'il est bébé, un ensemble d'expériences corporelles adaptées, c'est-à-dire des interactions prévisibles, fiables, faites d'échanges de sourires, de concordance des rythmes, de portage solide, de douceur du toucher (D. Anzieu, 1990). Ces expériences corporelles ont un rôle fondamental pour que l'enfant ait une représentation de son corps comme clos, enveloppé, structure son schéma corporel de manière cohérente, acquière le sens du temps, de l'espace, de la continuité, comprenne l'effet de ses gestes, et fasse l'expérience d'avoir une certaine emprise sur le monde extérieur. Ces expériences n'ont de valeur que si elles s'accompagnent de paroles. Pour J.-L. Donnet (1993), « c'est le temps où l'Autre pense pour vous, dit ce que vous pensez, ressentez. »

Les enfants qui ont dû être séparés de leurs parents ont souvent vécu auparavant dans un monde imprévisible sur lequel ils ne pouvaient avoir aucune emprise et dont ils ne pouvaient se représenter aucune règle. Le postulat du psychisme naissant du sujet selon lequel le monde est potentiellement intelligible n'a pas rencontré de confirmation, mais seulement des démentis (R. Roussillon). Le résultat en est des troubles importants de la pensée, de la capacité de comprendre la continuité des événements, du schéma corporel, du repérage dans le temps et dans l'espace, ce qui entrave considérablement la capacité d'apprendre du sujet (M. Berger, 1996).

2. La lignée de l'estime de soi concerne la constitution du narcissisme du sujet. Tout enfant qui naît dans une famille à peu près « normale » est adulé. Il est le plus beau bébé du monde, objet d'un amour inconditionnel. Cette image merveilleuse de lui, l'enfant la reprend peu à peu à son compte. Elle constitue alors le narcissisme, amour que l'on porte à soi-même, sentiment d'avoir une certaine valeur à ses propres yeux et aux yeux des autres. C'est ce sentiment qui constitue un des fondements de la personnalité de l'enfant, puis de l'adulte, et qui lui donne la force d'affronter le monde extérieur. Une base de sécurité totale, l'amour des parents ou le souvenir de cet amour, est toujours à sa disposition.

Que se passe-t-il lorsqu'un enfant ne reçoit pas un apport narcissique suffisant, lorsqu'il n'a pas rencontré dans son environnement de reflet valorisant de lui-même qu'il puisse reprendre à son compte ? Il s'ensuit une faille dans l'estime de soi, soigneusement dissimulée, mais dont les conséquences sont lourdes. D'abord existe *un sentiment chronique de dépression, de vide*, qui peut rendre la solitude impossible à supporter et amener de tels sujets à être tout le temps collés à un adulte, ou en groupe ou en bande, à défaut de pouvoir se sentir créatifs dans une activité personnelle. Ces sujets sont prêts à tout pour éprouver un sentiment d'appartenance.

Ensuite, pour lutter contre ce sentiment de ne pas avoir été assez aimable, assez beau, assez intelligent pour recevoir l'attention et l'affection nécessaires, le sujet augmente artificiellement la valeur qu'il se donne à lui-même. Cela a une importance vitale difficile à imaginer : ou il est le meilleur (ou parmi les meilleurs), avec un comportement « bravache », ou il ne vaut rien, n'est rien, sans pouvoir penser qu'il est comme le commun des mortels, dans une position intermédiaire « moyenne » qui n'a rien de déshonorante. Il lui est difficile de se remettre en cause, d'accepter d'être critiqué.

3. La troisième lignée est celle du contrôle pulsionnel. Chaque enfant a à faire face à la force de son agressivité. Il suffit pour s'en convaincre de constater comment dès l'âge de 7 ou 8 mois, les bébés tirent les cheveux, pincent, déchirent, exigent. Puis vient vers 2 ans la période de l'opposition totale et des caprices violents, jusqu'à la période œdipienne où l'un des désirs de l'enfant est d'éliminer le parent rival. On peut aussi évoquer ici la force de la jalousie fraternelle.

La façon dont cette violence va évoluer dépend de la réponse éducative que va y fournir la famille. L'idéal est que le sujet parvienne à « domestiquer » sa violence, ce qui ne signifie pas la réprimer purement et simplement, mais apprivoiser ses sentiments de colère, ses désirs de possession brutale, les lier à d'autres sentiments de respect, de tendresse, d'identification à l'autre, d'indulgence, ce qui relativise et tempère l'agressivité.

On peut envisager schématiquement deux sortes de réponses parentales.

• La première consiste à proposer des négociations, avec des compromis, des délais, des interdits non excessifs mais « régulateurs », accompagnés de paroles « consolatrices » donnant au sujet de « bonnes raisons de se soumettre », et si besoin, des sanctions fermes mais non sadiques. De tels interdits ont pour but d'organiser le monde pulsionnel de l'enfant, de l'aider à « dompter » ses pulsions. Ces interdits sont toujours partiels : ce sont des interdits de faire (ou de dire), mais pas des interdits de penser. Ils permettent à l'enfant d'avoir accès à un des sentiments le plus précieux, l'*ambivalence* : il aime ses parents, mais sur ce fond d'amour, il éprouve en même temps des sentiments de colère à leur égard dont il constate qu'ils ne les détruisent pas.

• Le deuxième type de réponse consiste à *répondre sur le même registre de violence que l'enfant*. Par exemple un enfant de 10 mois hurle parce qu'il a faim, et son père lui répond par une importance violence physique ou verbale. Dans ce cas, les parents répliquent par des représailles, selon la loi du Talion :« Tu me mords avec ta force, je te mords (ou te tape) avec ma force », sans faire jouer la différence de maturité entre eux et l'enfant. Ce que la clinique permet de montrer, c'est que lorsqu'une telle situation se répète, l'enfant en garde toute sa vie des traces hallucinatoires. Par exemple, au moment où un bébé hurle en étant en colère parce que le biberon ne vient pas assez vite à son gré, il a à l'esprit l'image d'un monde méchant qui le laisse avoir faim. Si le parent, au lieu d'être calme et apaisant, lui répond de manière agressive, l'enfant ne peut faire aucune différence entre ce qu'il a imaginé et la réalité, ce qui est la définition d'une hallucination.

D'autres parents se montrent détruits par l'agressivité de leur enfant : ils se dépriment ou se retirent de la relation, « abandonnant » le sujet. C'est aussi le cas de certaines pouponnières où l'enfant ne peut se permettre d'exprimer sa colère contre les auxiliaires de puériculture qui s'occupent de lui : les moments de contact sont si brefs qu'il craint d'être reposé dans son berceau s'il commence à montrer de l'agressivité. Il ne lui reste alors pas d'autre issue que de retourner ses attaques contre lui, en particulier contre sa pensée. D'une manière générale, les pulsions qui demeurent à l'état brut et ne peuvent être suffisamment mises en pensées constituent une menace d'origine interne pour le psychisme de l'enfant, avec le risque qu'elles ne surgissent de manière incontrôlable.

La vision de (ou la participation à) des scènes sexuelles alternant avec des scènes de violence produit des effets traumatiques tout aussi angoissants et désorganisateurs.

Quel que soit le processus en cause, l'enfant n'est jamais mis en situation d'exercer sur son environnement le minimum d'emprise qu'il lui est nécessaire d'éprouver, ni d'organiser sa conflictualité intrapsychique. Dans un tel contexte, il ne lui est pas possible d'élaborer un autre sentiment précieux pour le fonctionnement psychique, un sentiment de culpabilité « normal », c'est-à-dire ni absent ni écrasant. Au contraire, soit lorsque le sujet commet un acte agressif, il en attribue l'origine aux autres : c'est de leur faute, et la culpabilité n'est pratiquement jamais exprimée mais remplacée par un sentiment de préjudice. Soit le sujet s'attribue de manière excessive la responsabilité de tout ce qui ne va pas dans son existence et dans celle de ses parents.

On comprend aisément qu'un tel ensemble de troubles aussi profonds concernant la représentation de soi, la constitution du narcissisme, le contrôle des pulsions agressives et sexuelles, la présence d'éléments hallucinatoires, ne soient pas réversibles par la simple action d'une séparation parents-enfant. Ce qui s'est mal constitué dans la personnalité de l'enfant reste en l'état, et cela pose d'emblée la question de la qualité de la suppléance familiale, c'est-à-dire du cadre de vie et de soins qui va tenter de traiter tant bien que mal les différents dysfonctionnements créés auparavant.

Surtout, répétons-le, la séparation physique ne permet en rien que l'enfant prenne une distance psychique avec ses parents. Comme l'indique R. Roussillon, pour se séparer psychiquement de l'autre, il faut avoir suffisamment de présence de l'autre en soi, une présence satisfaisante, dont ensuite on pourra se séparer.

La vie psychique de l'enfant séparé de ses parents

La force du clivage

On est frappé d'emblée par la manière dont ces enfants idéalisent et rendent intouchable le lien qu'ils ont avec leurs parents. Ils savent que leurs parents ont été très inadéquats, qu'ils ont pu les laisser des mois dans une chambre aux volets fermés en les nourrissant insuffisamment, qu'ils les ont tapés, ou « oubliés » dans une pouponnière pendant des semaines. Mais dans la grande majorité des situations, ces enfants estiment que leurs parents ne sont en rien responsables de ce qui s'est passé. Cette idéalisation et ce clivage empêchent tout accès à l'ambivalence. Le sujet souhaite retourner vivre chez ses parents malgré les preuves quotidiennes d'inadéquation du comportement parental, et en psychothérapie, ces enfants refusent la « transparence », s'opposent à toute proposition de travailler sur leur passé, interdisent pendant longtemps de parler de leur relation avec leurs parents. On a le sentiment de ne pas pouvoir avoir accès à une imago maternelle terrifiante (voir *infra*). Le seul parent évocable par l'enfant est un parent parfait. La critique du parent n'est pas pensable, car si au cours de leur histoire, ces enfants se permettent de réaliser la profondeur de l'inadéquation et de la folie de leurs parents, ils se trouvent dans la situation insupportable de constater qu'ils dépendent totalement de parents extrêmement angoissants, voire terrifiants. Aucun enfant ne peut se permettre de vivre une telle expérience et une telle dépendance, aussi le clivage est-il une question de survie psychique. Sa conséquence en est la nécessité de maintenir tabou l'image idéalisée de ses parents qu'il s'est construite, avec un danger à toucher à cette image : ce qui surgirait alors ne serait pas la représentation d'un parent « imparfait », mais une hallucination angoissante dont l'enfant tente en permanence d'empêcher le retour.

Chez les enfants qui fonctionnent avec cette idéalisation, la moindre parole ou lettre des parents prend une importance considérable, supérieure à tout ce que peut dire ou faire la famille d'accueil ou les soignants. Ainsi Sandra, qui ne travaille pas à l'école, ne se met à investir l'activité scolaire que lorsque sa mère la gronde au téléphone en lui disant qu'elle veut que sa fille réussisse mieux qu'elle dans la vie. Il s'agit d'une mère qui n'a jamais été capable de s'occuper de son enfant par ailleurs.

Ce clivage est à l'origine du désir qu'ont de très nombreux enfants séparés de retourner chez leurs parents, quelle que soit la nocivité de ces derniers (*observation 16*). Il est une véritable entrave au développement psychique de l'enfant, l'empêche de pouvoir penser que ses parents sont inadéquats mais avec quelques bons aspects, et ne lui permet pas de s'attacher de manière pas trop conflictuelle à sa famille d'accueil car pour lui *aimer l'un, c'est faire disparaître l'autre ou le rendre mauvais*. Ce fonctionnement est à l'origine de l'échec de certains placements familiaux dans lesquels la famille d'accueil ne peut pas s'empêcher d'avoir un mouvement affectif d'« adoption » à l'égard de l'enfant placé, ce que ce dernier ne supporte pas car il garde comme but ultime de revenir chez sa mère.

Ce clivage empêche les explications rationnelles, concernant les raisons pour lesquelles l'enfant a été séparé de ses parents, d'avoir un impact sur lui. Enfin il entraîne des projections sur chaque intervenant, variables dans le temps, l'important étant chaque fois qu'il y ait un bon et mauvais, ce qui peut changer rapidement dans l'esprit de l'enfant. Le résultat en est parfois que chaque intervenant a connaissance d'un « morceau » différent de l'enfant, ce qui rend toute synthèse difficile en réunion. Il peut être alors nécessaire que tous les intervenants se réunissent devant l'enfant[1].

Cette idéalisation entraîne, chez certains enfants, une tentative forcenée pour retourner vivre avec leurs parents.

Observation 16. Georges

Georges, 11 ans, a été placé dans une pouponnière à 2 mois. Il présente rapidement une hypotonie. À 1 an, il est confié à une famille d'accueil, la famille O, qui l'adopte légalement assez rapidement ensuite. Mme O est logorrhéique, sourde à toute réflexion et assez perturbée sur le plan psychique. Elle se représente Georges comme un enfant cassé, à réparer, mais ses tentatives échouent sur le dilemme suivant. Pour M. et Mme O, mettre des limites à un enfant, c'est le priver de liberté. Aussi laissent-ils Georges sortir de la maison, vagabonder chez les voisins, se livrer à des jeux dangereux

1. Le même processus de clivage se retrouve chez les sujets victimes d'abus sexuels. Ainsi une femme qui a été l'objet d'un inceste dans son enfance rapporte un rêve qui montre le clivage qui s'est installé en elle : un homme la poursuit pour la violer et la police ne la croit pas. Elle-même continue à croire qu'elle a une famille et fait des albums de photos. Dans ce rêve, la police représente probablement l'appel que la fillette a fait en vain à certains adultes de sa famille en signalant les faits. Ensuite s'installe le clivage : une partie du psychisme du sujet nie ce que l'autre a ressenti et maintient des images parentales idéalisées.

comme utiliser dans une pente un vélo qui a des freins cassés, car si on lui supprime son vélo ce jour-là, il pourrait se sentir brimé par rapport aux autres enfants. Mme O, pliée en deux de rire, raconte les comportements très inquiétants de son fils. Georges met du sable dans l'ordinateur de M. O, cet appareil ne sera pas protégé pour autant. Ce comportement éducatif est intouchable, exprimé par les deux parents avec la force d'une croyance, et j'échoue dans toutes mes tentatives pour leur montrer que lorsqu'ils pensent donner de la liberté de cette manière à Georges, ce dernier l'interprète comme une absence de préoccupation de leur part à son égard, comme un redoublement de l'abandon originaire, ce qui l'amène à multiplier les passages à l'acte pour être plus présent dans leur esprit. Au bout d'un an de travail familial inutile, et devant la manière dont Georges qui a alors 8 ans détruit les objets et la vie familiale, il est placé à leur demande dans une institution puis dans une famille d'accueil. M. et Mme O désinvestissent immédiatement l'enfant, une visite tous les deux mois leur paraît trop rapprochée, son lit est supprimé à la maison, ils oublient son anniversaire, disent, au moment d'établir le calendrier des visites à la période de Noël, que passer Noël dans une famille ou dans une autre, cela n'a pas d'importance, et ne viennent pas au rendez-vous fixé à cette période. Dans une famille d'accueil qui est d'une qualité remarquable, Georges se livre à des passages à l'acte destructeurs dont il dit peu de choses. Il se laisse aller, ne travaille pas à l'école, cache ses cahiers de texte pour qu'on ne sache pas le travail qu'il a à faire, etc. Surtout, après quelques semaines passées dans sa famille d'accueil, il demande à retourner chez M. et Mme O, bien qu'il s'y ennuie et soit critique à l'égard de Mme O, incapable de l'écouter plus de quelques secondes. Cette idée devient tellement taraudante qu'une rencontre est décidée entre ses parents et lui, en ma présence et celle de son éducatrice.

Georges leur pose une liste de questions percutantes et sans échappatoire : « Pourquoi la famille d'accueil où je suis m'accepte tout de suite tel que je suis alors que vous qui m'avez adopté ne m'acceptez pas comme je suis ? Pourquoi m'avez-vous adopté pour m'abandonner après ? M'aimez-vous ? » M. et Mme O répondent à ces questions en lui expliquant qu'ils ne veulent pas le reprendre parce qu'il les épuise. Les deux parents réaffirment leur amour pour leur fils, bien que cela soit démenti par les faits.

Quelques jours plus tard, Georges déclare : « Je veux retourner dans ma famille. » Malgré un nouvel entretien avec ses parents, au cours duquel M. et Mme O répètent à Georges qu'ils ne veulent pas le reprendre, Mme O allant même jusqu'à dire que c'est lui ou elle, et qu'elle ne tiendrait pas le coup s'il revenait à la maison, Georges continue à multiplier les attaques contre sa famille d'accueil pour s'en faire renvoyer. Pendant les trois semaines qui précèdent la rencontre suivante avec ses parents, il est haineux à l'égard de sa famille d'accueil, repoussant l'assistante maternelle, prêt à exploser, marmonnant les dents serrées « il faut que j'arrive à y retourner ». Il annonce alors qu'il va faire un meurtre car en France, à la différence de la Grande-Bretagne, il n'y a pas de prison pour enfants, et ses parents seront alors obligés de le garder avec eux.

Ce besoin de retourner vivre avec les parents prend parfois la forme de véritables pélerinages vers l'objet originel. Certains enfants évoquent les saumons sauvages que rien ne peut arrêter lorsqu'ils remontent vers leur lieu d'origine. Une partie de leur psychisme fonctionne en processus primaires : le temps est suspendu, et l'histoire avec le parent pourrait reprendre là où elle s'est arrêtée, même si de nombreuses années se sont écoulées depuis la séparation.

L'intensité du déni de l'enfant concernant la pathologie du parent apparaît aussi de manière démonstrative dans la séquence clinique suivante.

Stéphane, 6 ans, demande à me rencontrer pour me dire qu'il est furieux contre moi car j'ai raccourci la dernière visite de sa mère, qui était ce jour-là dans un état psychique extrêmement inquiétant. Il m'explique que ce n'est pas moi qui commande, mais le juge auquel je dois obéir, refuse d'entendre mes explications, déclare que sa mère allait très bien ce jour-là et qu'elle n'a absolument pas besoin de se soigner car elle n'est pas malade (il sait que sa mère refuse toute prise en charge en psychiatrie adulte). Au bout de cinq minutes de véhémentes rouspétances, il sort de mon bureau en claquant la porte. Quelques jours plus tard, en ma présence, il annonce à sa mère qu'il a décidé d'aller à l'école dans une autre ville, celle où elle habite. Cette dernière lui répond qu'elle va le mettre en pension parce qu'il ne travaille pas assez bien à l'école. Tout cela est dit comme s'il n'y avait aucune mesure judiciaire et comme si chacun pouvait faire ce qu'il voulait.

Le désir de retourner vers des parents insatisfaisants

Il est possible de proposer l'hypothèse suivante (R. Roussillon, 1995). Plutôt que de parler d'aspects masochiques chez l'enfant, on peut évoquer la manière dont Freud s'interroge en 1920 et 1925 : pourquoi un sujet se remet-il dans une situation non satisfaisante, pourquoi cette répétition de « caractère démoniaque » ? Pour retrouver l'objet, se convaincre qu'il est encore présent, répond-il. L'enfant n'a pas fait auparavant d'expériences satisfaisantes avec l'objet (ses parents) qui lui permettent d'en garder une représentation satisfaisante. Au contraire, la rencontre avec l'objet s'est déroulée depuis le début de sa vie dans une sorte de vécu hallucinatoire traumatique : l'enfant a été soumis précocément à des parents traumatisants par leur violence, leur sexualité, leur imprévisibilité, ce qui l'a empêché d'établir une distinction entre ses peurs d'origine interne et le monde extérieur terrifiant, entre pensée et réalité, entre présent et passé (le traumatisme peut se répéter à tout moment). Comme le sujet ne peut évoquer l'objet en pensée sous la forme d'une représentation, le seul moyen qui reste à sa disposition pour être en lien avec cet objet est de le rendre présent tel qu'il l'a perçu auparavant, aussi mauvais fut-il. Le sujet cherche alors à répéter une situation du passé pour retrouver le contact avec cet objet, à défaut de pouvoir se le remémorer.

Face à son impossibilité de se remémorer l'objet, l'enfant ne peut parfois l'évoquer que sous la forme d'une identification à l'état brut. Ainsi pendant deux jours, Rachid, 10 ans, prend un aspect sidéré, en disant qu'il essaie ainsi d'être le jumeau de sa mère, qui s'est assise, sidérée, au bord d'un trottoir un jour où elle venait le voir. Il nous informe donc de la crise d'hystérie qu'il va faire au sens d'une identification corporelle primaire. Ou encore, il vole, comme il paraît que sa mère volait, et il vient nous montrer ce qu'il a volé.

Cette recherche répétée de la rencontre avec l'objet insatisfaisant permet aussi au sujet d'avoir une emprise active sur les expériences traumatiques du passé, de ne plus les subir passivement puisque c'est lui qui décide du moment où il va les reproduire. A. Green (1990) ajoute à ce processus les « logiques du désespoir » : renoncer à l'objet violent, c'est renoncer à le haïr ; mais découvrir une possibilité d'amour avec un autre objet, c'est littéralement faire disparaître de soi l'objet haï, et d'une certaine manière, l'anéantir. Il y a donc une culpabilité à haïr l'objet, mais il y en a sans doute une plus grande à ne plus le haïr pour en aimer un autre, ce qui incite le patient à perpétuer ce lien intérieur avec lui : mieux vaut avoir un mauvais objet intérieur que de risquer de le perdre à jamais.

Cependant, cette théorisation ne suffit pas à expliquer totalement la nature du lien aussi serré qui unit l'enfant à ses parents très inadéquats. Les visites médiatisées parents-enfants, qui ont lieu en présence de deux soignants (voir *infra*), ont permis de repérer d'autres processus.

Des parents séducteurs

Au cours de ces visites, il est fréquent d'observer le phénomène suivant. Il suffit qu'enfant et parents soient laissés seuls une minute, par exemple à l'occasion d'un détour fait au secrétariat par les soignants afin de prendre leur carnet de rendez-vous, pour que s'établisse une intimité malsaine avec échange de paroles secrètes. Et ces paroles consistent presque toujours en la phrase « je vais te reprendre », dite de la part de parents qui savent qu'une telle reprise est impossible du fait des décisions du juge des enfants, ou qui ont expliqué par ailleurs à un membre de l'équipe qu'ils n'avaient pas l'intention de reprendre leur enfant car leur conjoint actuel ne le tolérerait pas, ou parce qu'ils n'ont pas de place chez eux, ou pour une autre raison ou prétexte. Cette petite phrase bloque l'évolution psychique de l'enfant dans la mesure où elle l'empêche d'investir d'autres projets, tâche déjà ardue pour lui. On mesure le poids de séduction que contient une telle phrase, séduction d'autant plus vénéneuse que cette phrase contient en elle-même l'affirmation inverse : « Je ne te reprendrai pas », car pendant la séance, de tels parents montrent de manière répétitive comment ils « abandonnent » leur enfant pour se centrer exclusivement sur eux-mêmes. « Je vais te reprendre » est donc une relance fictive qui a pour effet de faire vivre à l'enfant une envie excitante, inapaisable puisque le lien proposé, c'est l'abandon, la chute hors du psychisme parental (Y. Manic). L'enfant est d'autant plus prisonnier de cette relation paradoxale, qu'à cela s'ajoute un interdit qu'il se sente bien sans ses parents, dont le résultat, nous l'avons déjà constaté, est que pour ces enfants, aimer une personne, c'est souvent en tuer une autre. Aimer leur famille d'accueil équivaut à tuer leur parent géniteur, aimer leur mère équivaut à tuer leur père, et réciproquement.

Il existe donc une dimension de séduction narcissique souvent présente derrière de graves pathologies de la fonction parentale[1]. En effet, notre attention est souvent attirée par l'élément traumatique quantitatif, l'aspect maltraitance, les carences éducatives, l'abandon déguisé, les coups, l'incohérence des parents en proie à diverses toxicomanies, bref, l'aspect enfant en danger. Et ceci risque de faire oublier un des aspects qualitatifs, qui est la jouissance que de nombreux parents tirent de leur relation avec leur enfant : la mère de Julien l'informe du moment de ses règles, de plus sans lui expliquer le pourquoi de ce fonctionnement physiologique. L'enfant se trouve alors face à l'énigme excitante et angoissante : « Le sexe de ma mère saigne ». La mère de Sandra lui expose avec jubilation comment à l'adolescence, dans le foyer où elle était, c'est elle qui coupait les veines de ses camarades qui voulaient faire des tentatives de suicide. Ceci est dit sur un ton qui signifie : « Je te dis cela pour que tu ne fasses pas pareil, et en même temps pour que tu le fasses ». M. X astique soigneusement le revolver que son fils, âgé de 14 ans, s'est procuré illégalement, et propose à ce dernier d'être armurier plus tard, un « bon métier », alors que ce fils a annoncé qu'il tuerait

1. Le terme de séduction narcissique (P.-C. Racamier, 1991) désigne ici une relation de séduction de la part d'un adulte à l'égard de son enfant, qui, au lieu de le soutenir de manière vitalisante et de lui donner l'appui nécessaire pour affronter le monde, a pour but de le maintenir dans une relation de dépendance, d'éviter qu'il puisse se séparer psychiquement, ceci dans un climat souvent sexualisé, excitant et donc incestueux (sans inceste réalisé dans la réalité) pour l'enfant.

sa famille d'accueil et les soignants dès sa majorité. Comme on le constate, la séduction narcissique peut être aussi bien hétérosexuelle qu'homosexuelle, père-fils, mère-fille.

Observation 16 (suite)

Georges, abandonné puis adopté par la famille O, fait jubiler Mme O par ses passages à l'acte plus ou moins répugnants. Pour lui, l'appartenance à sa famille adoptive passe par être un objet de jouissance de sa mère. Il doit être séparé de ses parents adoptifs pour être protégé, au sens physique du terme, des actes que ses parents le laissent commettre. Dès qu'il est placé en famille d'accueil, sa famille adoptive le désinvestit tout en lui transmettant, lors des visites médiatisées, le message « nous t'aimons beaucoup », dit avec une intonation de séduction. Dans sa famille d'accueil, il se retient longtemps de se moucher pour pouvoir se moucher ensuite à gros bouillons dans ses mains devant sa famille d'accueil et lécher sa morve. Il souille les WC de son urine et de ses matières fécales, incarnant alors un clochard comme il l'imagine. Il lave ensuite lui-même ses souillures et recommence. On constate comment, dans la relation avec l'autre, *il ne peut se situer qu'à l'un des deux pôles symétriques séduire-dégoûter* (Y. Manic). En se pissant sur lui pour être un clochard, il fait en sorte que sa famille d'accueil ne puisse pas l'aimer, et il préserve ainsi un lien exclusif avec sa mère. Trait de génie de la mère de la famille d'accueil, cette femme perçoit la jouissance que tire Georges de ses actes et leur aspect en « circuit fermé ». Elle lui interdit alors de nettoyer ses excréments, refusant d'accréditer cette pseudoréparation, et lui annonce que chaque fois, c'est elle qui nettoiera les saletés. Les comportements dégradants de Georges s'estompent alors.

Au niveau thérapeutique, on peut formuler deux remarques. Tout d'abord, face à la force attractive de la séduction narcissique, un minimum d'intervention dans la réalité semble nécessaire. Une intervention importante consiste à organiser des visites médiatisées de la première à la dernière minute, à espacer si besoin ces visites, à demander aux parents de cesser de dire certaines choses ou de se comporter d'une certaine manière au cours des visites (embrasser l'enfant sur la bouche, ou dire à l'enfant qu'ils vont le reprendre, par exemple), à favoriser la confrontation parents-enfant sur les promesses faites ou sur d'autres points.

Deuxième remarque, on peut être amené à expliquer à l'enfant, parce que cela peut l'aider, comment sa mère (ou son père) a tordu les liens avec lui, et même évoquer la folie de ce parent. Dire cela « tel quel » ne servirait à rien, et de tels éléments ne peuvent être introduits que lorsqu'un lien au long cours s'est instauré avec l'enfant, dans le cadre d'une prise en charge régulière, et au moment où il est prêt à les formuler lui-même ou à les entendre, ce qui peut prendre des années. Le moment adéquat peut être perçu en grande partie grâce à certains mouvements transférentiels de l'enfant, imprégnés de séduction narcissique.

L'enfant, partie mélancolique de la mère

La clinique permet d'aller plus loin et montre de manière étonnante comment idéalisation du parent et mouvement d'autodestruction de l'enfant sont intriqués. Ces enfants détruisent les groupes d'enfants auxquels ils participent, attaquent les soins qu'on leur propose, les liens avec leur famille d'accueil, se livrent à de véritables suicides scolaires. Ou encore, Stéphane, 7 ans, au cours d'un bain thérapeutique à l'hôpital de jour, pousse ce qu'il appelle « le cri de la mort ». « Si je fais le mort, ma mère et mon père seront-ils tristes ? », demande-t-il ensuite. Et quand pourra-t-il revivre avec sa mère ? Il ne s'agit pas d'une question portant sur la réalité : Stéphane sait que sa mère est rigoureusement incapable de s'occuper de lui plus d'une demi-heure les jours où elle n'oublie pas qu'elle doit le rencontrer. Sa question est plutôt : comment être en contact avec sa mère ? Faut-il donc qu'il fasse le mort pour rejoindre l'objet idéalisé perdu de sa mère, probablement la mère de la mère ? Le seul moyen qu'il aurait d'être en contact avec sa mère serait alors de s'identifier à cet objet perdu. Stéphane ajoute que son père, qu'il n'a jamais connu en réalité, est au ciel où il est transformé en un ange. Il s'allonge alors et joue de manière impressionnante à se noyer en laissant l'eau lui rentrer dans le nez, pour mourir, devenir un ange, et ainsi rencontrer son père.

Pour expliquer ces comportements, il est intéressant d'évoquer un aspect du fonctionnement psychique de ces parents qui passe souvent inaperçu, à savoir la profondeur des moments de dépression qu'ils traversent. L'attention est habituellement plus attirée par leurs mouvements projectifs de persécution, ou leurs rêveries idéalisantes, avec par exemple l'idée exprimée par la mère de Stéphane que les difficultés présentes prendront forcément fin un jour, qu'avec l'argent gagné lors de la prochaine cueillette des cerises puis d'autres petits boulots, elle pourra s'acheter une maison à la campagne, une voiture, etc. Mais derrière ces deux mouvements se tient une partie mélancolique qui s'exprime par des effondrements massifs avec ou sans tentative de suicide et par une sidération plus ou moins importante. On peut émettre l'hypothèse que ces mères, on ne parlera pas ici du père car ces mères ont la plupart du temps été abandonnées par leur concubin, ces mères donc projettent sur leur enfant leur partie mélancolique autodestructrice. La mère est ainsi délivrée et coupée de cette partie, qui est totalement inintégrable dans leur fonctionnement psychique au point qu'aucune d'elles n'accepte de se faire soigner pour ses difficultés psychiques. L'hypothèse émise par J.-C. Rolland est alors que l'enfant n'a pas d'autre solution que d'être identifié à cette partie inconsciente du psychisme maternel. Contrairement aux apparences, on n'est donc pas devant une relation mère-enfant, car d'un point de vue subjectif, la mère n'est pas une mère et l'enfant n'est pas un enfant. On est en fait face à deux parties d'un adulte. Un adulte, une femme, utilise la maternité pour se libérer de sa propre partie autodestructrice qui la menace de mort, et l'autre partie, c'est l'enfant dont les comportements autodestructeurs sont au premier plan.

Quant à l'autre aspect de la mélancolie, celui de l'objet idéal perdu dont il est impossible de se séparer, il se manifeste sous l'aspect du paradis perdu, les moments merveilleux antérieurs à la séparation qui seront retrouvés prochainement grâce à la cueillette des cerises.

Nous sommes donc face à une relation « adulte-adulte », ou s'il l'on préfère, devant les deux parties enfant d'un seul adulte (J.-C. Rolland). Alors, peut-on séparer ce qui n'est pas séparable ? Cette question peut être posée autrement. Dans ces circonstances cliniques, le paradis n'est un paradis que parce qu'il a été perdu, et la séparation parents-enfant augmente ce mouvement d'idéalisation. Peut-on séparer psychiquement ceux que la passion mélancolique a unis ? Et ces mères sont dans la passion, avec la mauvaise foi de la passion : aucune ne comprend pourquoi on l'a séparée de son enfant. Le problème est alors de quitter le registre de la passion pour passer au registre du soin, tout en gardant un peu de passion pour ne pas désintriquer les deux.

La séquence clinique suivante illustre comment, face à cette mélancolie de l'adulte qui peut aussi concerner le père, l'enfant est amené à prendre une position de thérapeute du parent.

Observation 17. Renaud

M. X arrive très en colère à la visite médiatisée au cours de laquelle il rencontre son fils Renaud, 5 ans : il refuse de nous serrer la main, nous tourne le dos, puis il offre des jouets à son fils, avec lequel, comme d'habitude, il ne peut pas s'amuser plus de quelques secondes, tout en menaçant de manière répétitive de mettre le feu au service et de nous tuer, ainsi que le juge des enfants. Nous constatons à ce moment que Renaud se sent de plus en plus mal à l'aise et se met à répéter : « Papa, je veux aller vivre avec toi ». Nous faisons alors remarquer à M. X que son fils ne se sent pas bien lorsqu'il entend son père parler de violence et de meurtre. M. X déclare à ce moment sur le même ton agressif qu'il souffre de manière insupportable de voir sa famille détruite : sa femme est partie il y a trois ans et son fils est placé depuis en famille d'accueil. Il ajoute qu'il va laisser tomber son travail, débrancher le téléphone, cesser de cotiser à la Sécurité sociale, et qu'il n'ouvrira plus sa porte à personne. Je me tourne alors vers Renaud et lui dis : « Quand ton papa est en colère, c'est qu'il est très triste, et il n'arrive pas à se soigner ou à demander qu'on le soigne (M. X a refusé il y a un an une proposition de médicament antidépresseur), et toi, tu penses qu'il faut que tu le soignes en allant vivre avec lui. » Parce que sa dépression est reconnue, M. X se calme et nous serre la main à la fin de l'entretien.

Dans cette séquence « persécution-dépression sous-jacente-enfant qui prend le rôle de thérapeute de son père », l'origine de la dépression parentale est bien antérieure à la demande de divorce de Mme X et au placement judiciaire de Renaud, et elle est peu abordable pour le moment et peut-être même à tout jamais.

La relation vide

Une autre dimension de cette relation parents-enfant infiltrée par la mélancolie ne paraît, elle aussi, souvent qu'à l'occasion des visites médiatisées : la relation vide qui se traduit par un collage sans parole.

Observation 18. Simone

Mme N, mère de Simone, 9 ans, demande avec insistance au juge des enfants que sa fille vienne chez elle le jour de Noël. Noël est toujours un moment douloureux pour les familles où une séparation a eu lieu, aussi le juge refuse-t-il avec difficulté, et propose que cette mère voie sa fille en visite médiatisée le lendemain de Noël pour lui remettre le cadeau qu'elle lui a acheté. Mais l'hôpital de jour où sont organisées ces visites est fermé entre Noël et le jour de l'an. Sommes-nous cruels ? Dès la réouverture, une visite est organisée.

Il s'avère que Mme N n'a pas acheté de cadeau à Simone. Elle lui dira qu'elle s'en occupera pour la prochaine visite mais ce ne sera pas fait non plus. De plus, lors de la visite suivante, nous décidons de ne plus essayer d'animer ces rencontres que nous avons le sentiment de porter à bout de bras. Nous sommes alors frappés par le fait que Mme N et Simone n'échangent pas un seul mot pendant vingt minutes. Nous apprenons à cette occasion qu'il en était de même à la maison. Ce comportement n'est donc pas induit par notre présence. Simone n'est pas ainsi seulement lors des visites médiatisées, mais chaque fois qu'elle est en présence de sa mère, qui a une sorte de dépression profonde sans affects exprimés. Nous voyons Simone, fillette habituellement très vivante, vider son esprit, son visage s'éteint, elle ne peut plus penser lorsqu'elle est près de sa mère, toutes deux deviennent quasiment mélancoliques. On constate l'inquiétant collage dans lequel est prise Simone, que sa mère transportait partout avec elle comme un double ayant une fonction antidépressive avant d'en être séparée, et ceci à la différence des sœurs de Simone souvent délaissées et qui vont beaucoup mieux sur le plan psychologique et cognitif.

Après cette visite, Simone dira à son éducatrice : « Quand je suis avec ma mère, il n'y a rien dans ma tête, je n'ai rien envie de faire, c'est comme si j'étais dans un cercueil. Ma mère ne m'a même pas demandé en quoi j'étais déguisée ce jour (c'était Mardi gras et Simone est venue déguisée à la visite). »

Il est intéressant de décrire l'instauration du cadre des visites médiatisées dans cette famille. Simone est très satisfaite lorsque nous lui parlons de la mise en place de ce cadre. Elle téléphone même immédiatement à sa mère pour le lui annoncer avant que nous ayons le temps d'en parler à Mme N. Mais la situation est compliquée car Mme N a deux autres filles plus âgées placées dans la même famille d'accueil, et le cadre judiciaire est différent pour ces deux aînées qui ne sont pas en soins à l'hôpital de jour et qui ont la possibilité d'aller chez leur mère quand elles le souhaitent. Mme N joue alors sur l'envie et l'exclusion : au cours d'une visite médiatisée, elle annonce qu'elle a invité ses deux filles aînées le week-end suivant et propose à Simone de venir si elle le souhaite. Elle fait aussi part de son projet d'offrir un week-end au Futuroscope de Poitiers aux deux sœurs aînées, libre encore à Simone de venir ou pas. Simone est mise dans une situation difficile et il ne nous paraît pas possible de nous réfugier derrière la décision du juge des enfants ordonnant les contacts uniquement sous forme de visites médiatisées à l'hôpital. Nous recevons alors Simone avec ses deux sœurs aînées pour parler de ce problème. Les sœurs expliquent leur préoccupation pour Simone, toujours passive, sidérée, incapable même d'essayer d'ouvrir une porte avant son admission à l'hôpital de jour, ne disant jamais rien en présence de sa mère, laquelle ne lui parle pas non plus. Les sœurs ajoutent que Mme N dit que Simone est toujours son bébé. Il devient alors possible d'expliquer à Simone que la présence de sa mère a des effets différents sur elle et sur ses sœurs. Le silence qui règne entre elle et sa mère au cours des visites médiatisées montre que sa pensée se désorganise en présence de sa mère, alors que ses sœurs parviennent à continuer à penser. Il est donc nécessaire de maintenir un cadre de visite différent pour elle et pour ses sœurs. Ceci nous permet de faire reposer notre décision sur des éléments cliniques et non sur une décision arbitraire qui consisterait à dire que l'enfant pris en soins à l'hôpital de jour a un statut à part.

Il est intéressant de remarquer que plus tard, Simone a dessiné le visage de sa mère pleurant au moment de sa séparation.

Comme pour les enfants adoptés tardivement, on a l'impression que chez l'enfant une scène fantasmatique organise la séparation (G. Lapalus). Cette scène est particulièrement complexe ici : le moment où Mme N a pleuré est peut-être la seule fois où Simone a eu le sentiment d'avoir une mère, et lorsqu'elle le dessine, elle essaie de préserver ce moment paradoxal : elle se découvre une mère parce qu'elle en est séparée. En même temps, pour un enfant séparé, une mère qui pleure est équivalent à un enfant qui fait pleurer sa mère, et Simone est une enfant qui fait attention à ne pas faire naître d'affects chez l'adulte, comme si elle craignait ce qu'elle risquerait de déclencher, en particulier des pleurs. Cette scène est sans doute porteuse de bien d'autres sens encore.

Cette « relation vide » s'accompagne toujours de processus de collage très importants.

Observation 17 (suite)

Mme X (actuellement en instance de divorce de M. X) a trois modes de relation avec son fils Renaud, 5 ans, pendant les visites médiatisées. Soit elle reste immobile, ne lui parlant pas malgré nos sollicitations : Renaud voudrait savoir pourquoi ses parents ne vivent plus ensemble, et il nous semble que Mme X, qui a quitté son mari, est la mieux placée pour lui répondre. Elle ne joue pas non plus avec lui, se contentant de le regarder faire rouler des petites voitures avec un sourire énigmatique. De même, elle ne joue pas à la poupée ni ne dessine avec lui alors qu'il le lui demande, sans répondre. Les tentatives de l'éducatrice qui s'occupe de Renaud pour instaurer un jeu à trois avec elle sont vouées à l'échec.

À d'autres moments, et toujours sans paroles, Mme X se colle à son fils, le serrant de manière de plus en plus forte et prolongée contre elle. Ce dernier s'angoisse alors et essaie en vain de se dégager, puis trouve des prétextes pour établir une distance : il demande à sortir pour uriner, change de coin de jeu chaque fois que sa mère se recolle à lui. Nos tentatives pour expliquer à Mme X que Renaud trouve alors sa mère trop proche et ne se sent pas très bien, se heurtent à un déni de cette dernière. Pour elle, le seul mode de lien possible avec son fils est un contact de collage peau à peau, à défaut de pouvoir se le représenter, comme le montre son besoin compulsif de le prendre en photo.

Le dernier mode de lien de Mme X avec son fils est en effet la prise répétée de photographies. Elle mitraille Renaud avec un ou deux appareils photographiques, prenant jusqu'à une quarantaine de photos en une demi-heure. Elle indique qu'elle en affiche partout sur les murs chez elle. Chez cette mère qui est restée une fois dix mois et une autre fois six mois sans venir voir Renaud, cette manière de faire semble correspondre à une incapacité de garder une image de son fils dans sa pensée, ce qu'elle pallie par ces multiples photos.

Les théories de l'enfant sur son origine

Ce n'est qu'au prix d'un long travail thérapeutique que l'on a parfois accès à la manière dont l'enfant pense le moment de sa conception, la « scène primitive », et ce qu'il livre n'a alors pas totalement statut de fantasme : l'enfant croit vraiment à ce qu'il dit, et ce qu'il imagine est proche d'une reviviscence hallucinatoire. Nous avons longtemps sous-estimé la place du père dans l'imaginaire de l'enfant, parce que les pères sont très souvent absents dans la réalité. Mais les enfants, eux, amènent au moins deux sortes d'images de pères. Tout d'abord des images de père violent d'autant plus que l'enfant a assisté à des scènes de coups entre sa mère et un ou des hommes, hommes auxquels il s'identifie en méprisant les femmes et en les humiliant, ce qu'il fait parfois avec la mère de la famille d'accueil. Cette violence envahit les images qu'il a de la conception : un enfant imagine avoir été dans le ventre de la mère pendant que le père pénétrait ce ventre avec un couteau. Pour Rachid, son père a empoisonné sa mère par le sperme au cours de la fécondation. Ou encore pour un autre enfant, les bébés se font par la bouche, le pénis du père étant dans la bouche de la mère, et l'enfant est ensuite rejeté par la mère dans les WC. Il essaie de s'accrocher et de remonter ainsi dans l'anus de la mère pour rentrer dans son ventre, mais la mère essaie de l'enfoncer dans les WC avec un manche à balai ou avec le pénis du père. Une deuxième sorte de scénario qui revient avec une certaine fréquence est celui d'un enfant livré à la violence maternelle, ou à la sauvagerie de la sexualité maternelle, en présence du père, qui n'est donc pas forclos mais qui assiste à la scène, complice, en ricanant.

On peut remarquer qu'au moment où la question de la place du père apparaît, ces enfants sont à la limite de basculer dans des processus paranoïaques très délicats à élaborer.

Des affects violents

Ces enfants séparés de leurs parents se sont souvent trouvés dans des situations extrêmes et vont faire ressentir à l'autre dans le soin et dans le lieu d'accueil, d'une manière interminable, les affects qu'ils ont vécus autrefois, sous une des formes suivantes.

1. *L'impuissance, le désespoir.* On peut remarquer que ces enfants ne pourront montrer l'intensité de leur désespoir, et à un moment désespérer le thérapeute, que si le cadre de leur existence est cohérent. Si ces enfants sont placés dans une famille d'accueil ou un internat trop inadéquat, le devant de la scène est tenu par leurs processus défensifs contre le sentiment de n'être relié à personne et le risque de rupture répétitive. C'est lorsque le cadre est bon que l'enfant va pouvoir se permettre de montrer à quel point il va mal. Lorsque certains de ces enfants butent sur l'absence de leurs parents, la seule manière qu'ils ont de faire exister ce dernier, c'est d'attaquer la famille d'accueil.

2. *La rage* de voir leurs efforts de liaison psychique battus en brèche, parfois à l'occasion d'événements minimes qui les désorganisent. Un problème est que cette rage n'est parfois reliée à rien et ne parvient pas à s'organiser sous forme de colère. Ce n'est qu'après un long temps de soin qu'elle pourra prendre une forme conflictualisée (G. Lapalus).

3. *La honte* de l'enfant face au constat de son incapacité de se représenter ce qui ne va pas en lui lorsqu'il est en relation avec autrui, honte aussi parce qu'il est incapable de ressentir de la culpabilité. Dès que le sujet perçoit ce sentiment de honte, il est fréquent qu'il l'efface au plus vite par un mouvement de colère contre la situation qui en est à l'origine[1].

4. *Une extrême violence* qui va se déverser sur les soignants, mais que l'enfant peut retourner contre lui. Ainsi Carine peut se mettre à se griffer et à s'abîmer à certains moments comme si elle était complètement envahie par la destruction.

---

1. Rappelons brièvement la différence entre honte et culpabilité. Selon J. Furtos (1991), la honte est une expérience au cours de laquelle un sujet se sent humilié, et qui touche son narcissisme : elle concerne son être même, dans ses attributs (manque dans ses capacités d'être un homme, d'être une femme, de pensée, etc.), et pousse le sujet à se sentir ne pas pouvoir exister sous le regard d'autrui et à vouloir disparaître. Le sujet ne peut pas en parler, et dans les cas extrêmes, il met en place un clivage pour se couper de son vécu honteux. La culpabilité porte sur une faute concernant ce que le sujet a dit ou fait, et peut s'accompagner le plus souvent de verbalisation. Dans la honte, il y a un effacement de la topique interne d'où le vécu d'annihilation, alors que dans la culpabilité, la topique est exacerbée : surmoi et pulsions, accusateurs et accusés jouent un scénario imaginaire.

5. Ces mouvements de violence prennent souvent *une forme hallucinatoire*. Ainsi, Sandra, 10 ans, joue à la coiffeuse avec son éducatrice au cours d'une prise en charge. Cette dernière, se rappelant que la mère de Sandra lui tirait parfois les cheveux violemment dit « aïe », en pensant introduire de la sorte un jeu de rôle. Sandra devient immédiatement extrêmement violente et s'empare d'un couteau en plastique avec l'intention de couper la gorge de l'éducatrice. Lors d'un autre jeu, Sandra joue au cinéma, puis sort du jeu et cesse de faire semblant, accomplissant la scène prévue pour de vrai. Ou encore Julien voit réellement son éducatrice comme une sorcière. À l'école, lorsque l'instituteur essaie de lui apprendre à lire, il hallucine des choses violentes à travers des lettres : M+E = meurt, M+O = mort, M+A = marre. Un soignant tente d'expliquer à Rachid, 10 ans, que les disputes très violentes de sa mère avec son concubin auxquelles il a assisté lorsqu'il avait 2 ans et qui envahissent sans cesse son esprit, sont du passé. Il répond : « Puisque j'y pense, ce n'est pas le passé ». On peut dire que le passé, c'est ce qu'on peut oublier, ce qui n'est pas le cas des hallucinations.

D'une manière générale, tant du côté des soignants que des familles d'accueil, il est plus facile de supporter le parent réel avec ses comportements pourtant très pathologiques, que la manière dont des « morceaux » intégraux du parent avec sa folie resurgissent de manière incessante dans le fonctionnement psychique de l'enfant.

6. *Des mouvements d'envie féroces* qui amènent ces enfants à s'emparer ou à détruire de manière violente ou manipulatoire ce que les autres enfants ont et qu'eux mêmes n'ont pas.

7. *L'évocation de l'absence des parents peut prendre elle-même une tournure violente et terrifiante*. L'enfant ne se remémore pas des moments de solitude angoissants mais il évoque de manière presque hallucinatoire un personnage terrifiant, un loup par exemple, qui est la forme prise par la « méchanceté » de la mère absente au moment où l'enfant en avait besoin (G. Lapalus).

Les grandes lignes thérapeutiques

Des soins ne peuvent être proposés que dans un cadre suffisamment cohérent qui repose sur les trois règles suivantes.

1. La clinique de l'enfant prime sur toutes nos idéologies. Et tout doit être construit en permanence à partir de son fonctionnement psychique et au nom des soins concernant ses difficultés psychiques[1]. Dès qu'on s'éloigne de ce principe, il n'existe que peu de repères pour décider du cadre le plus adéquat et des conflits apparaissent entre toutes les personnes impliquées dans la situation. En cas de difficulté à apprécier là où en est un enfant, appel peut être fait à un tiers extérieur pour évaluer l'ensemble de la situation, expert ayant l'habitude de gérer lui-même ce genre de situations.

2. Une évaluation du lien parent-enfant, cherchant à comprendre comment s'est établi le lien à l'objet précoce, permet de penser le cadre de manière plus adaptée que lorsqu'on pense la situation à partir de la filiation (telle personne est la mère et on ne peut pas couper un lien mère-

1. La prise en compte du danger qui pèse sur son développement intellectuel, par la mesure du quotient de développement ou du quotient intellectuel, fait partie de cette clinique. Il s'agit d'un élément d'appréciation important car il a une objectivité certaine et il indique le risque de débilisation irréversible de l'enfant.

enfant, etc.). Et l'utilisation de la loi concernant le cadre dont on souhaite que le juge des enfants soit garant, gagne à s'étayer sur les capacités identificatoires, réelles ou inexistantes, des parents à leur enfant.

3. Enfin, dès qu'une décision est prise concernant la vie de l'enfant ou ses soins, il est nécessaire de se donner les moyens d'en apprécier l'effet sur sa vie psychique.

Le cadre fait partie des soins. Il inclut les divers actes des intervenants, la gestion du lieu de vie de l'enfant, placement familial ou internat, la gestion des visites médiatisées. Ce n'est que lorsque ce cadre a une cohérence certaine que le travail psychothérapique peut prendre un sens et s'effectuer, avec les difficultés qui lui sont propres.

Le sens des actes des intervenants

Chaque acte des intervenants prend un sens important. Chaque décision concernant la réalité a une valeur organisatrice ou désorganisatrice pour le psychisme de l'enfant. À partir du moment où l'on est amené à mettre en place une suppléance familiale, l'expérience montre que les frontières entre le registre social, clinique, administratif, pédagogique, éducatif, ne tiennent pas, et que les modèles habituels de séparation de ces registres ne sont pas fonctionnels. Une personne de formation psychanalytique peut aider à penser ces différents champs pour tenter de les articuler afin d'aboutir à la constitution, chez l'enfant, d'un narcissisme un peu plus cohérent, mais qui restera cependant toujours vulnérable.

Un exemple simple est celui des habits. Les parents souhaitent les choisir, mais l'enfant voudra/devra-t-il les porter, seront-ils « contaminés » pour lui, auront-ils au contraire une valeur idéalisée, seront-ils une marque d'intérêt simplement narcissisante pour l'enfant, ou auront-ils été demandés aux parents par l'enfant comme une manière méprisante de les utiliser seulement comme un portefeuille ? Pourquoi telle famille d'accueil ne met-elle pas à l'enfant, les jours de visite médiatisée, les habits que ses parents lui ont achetés auparavant ? Le même genre de question devra être débattu lorsqu'un père demande que l'on raccourcisse la longueur des cheveux de son fils. Cette clinique du réel nécessite une élaboration constante. La même attention doit être portée au rythme des visites et à leur durée.

La question présente en permanence est : comment faire en sorte que le cadre (décisions judiciaires, endroit où vit l'enfant, gestion des rencontres parents-enfant, propositions thérapeutiques) n'introduise pas lui-même des entraves au travail de symbolisation que l'enfant tente d'effectuer ? Tout cadre qui se décentre de la clinique de l'enfant risque d'être inadéquat, avec des conséquences lourdes.

C'est pour cette raison qu'il est cohérent de considérer que *la gestion de ce qui se passe dans l'environnement quotidien de l'enfant fait partie des soins*, et qu'il est préférable que le suivi relationnel de l'éventuelle famille d'accueil soit effectué par l'équipe de pédopsychiatrie responsable des soins psychiques de l'enfant, sans qu'il s'agisse-là d'un désir d'hégémonie.

Dans le cadre de ce travail psychique concernant les faits matériels, une attention particulière doit être apportée à deux situations particulières, le don d'un objet par les parents, et les transports de l'enfant.

Le statut des objets donnés par les parents

Certains enfants cassent ou perdent avec fréquence les objets que leur offrent leurs parents, ou ils ne veulent pas les utiliser. Les choses se passent comme si l'objet était littéralement le parent, avait la fonction de rappeler à l'enfant le mode de lien exclusif qui les unit, mais avec la charge d'angoisse liée à la présence du parent. L'objet ne peut pas être mis en pensées, en représentations, et simplement évoquer le parent, être un souvenir, le signe que le parent a de bons côtés puisqu'il a fait un don. *Il est le parent.* Nous avons donc été obligés d'aménager un sas, une pièce dans notre service où les jouets sont stockés, et les enfants ne demandent à les utiliser que beaucoup plus tard, en présence de leur éducatrice d'abord, comme si un temps de décontamination était nécessaire.

Les transports de l'enfant

Les transports de l'enfant de sa famille d'accueil à sa famille d'origine (lorsque l'enfant est amené à une visite médiatisée ou lorsqu'il arrive qu'au bout d'un certain temps d'évolution, il puisse rester quelques heures dans sa famille d'origine) constituent souvent un moment fécond. Le trajet en voiture est lui-même proche d'un « dispositif psychanalytique ». L'enfant situé à l'arrière de la voiture ne voit pas le visage de la personne à qui il parle, il est enveloppé dans un espace clos, intime, qui le coupe et le protège du monde. En même temps, il vit l'écartèlement entre deux points d'attache et il constate qu'il n'est pas seul dans cette épreuve car la personne qui l'accompagne ressent aussi cet écartèlement. C'est là que les questions les plus cruciales ou les plus profondes vont parfois être émises, et ceci nécessite une attention particulière (A.-M. Roussel, 1993 ; M. Chassin, 1993).

Une famille d'accueil peut-elle être thérapeutique ?

On peut estimer qu'un placement familial a deux buts : soustraire un enfant à un danger physique et/ou psychique, et permettre à cet enfant d'éprouver un mode de relation différent de ce qu'il a vécu jusqu'alors. Mais ce deuxième but est particulièrement ardu à atteindre, et en fait il est très difficile de comprendre et de théoriser ce qui est actif et se passe dans un placement familial. On sait que l'enfant va répéter avec sa famille d'accueil les modalités de liens qu'il a établies dès les premiers mois avec ses parents. Mais cela ne veut pas dire qu'il peut ou va changer en quoi que ce soit ces modalités relationnelles car souvent le lien que l'enfant a avec ses parents est idéalisé et intouchable. Un enfant indique bien ce que représente pour lui son placement familial : il raconte l'histoire d'un dauphin dans un bocal, qui vit entouré de lumière artificielle ; on le nourrit, il a été choisi dans un supermarché. Ce qu'indique cet enfant, c'est qu'il sait que le monde confortable dans lequel il vit est artificiel pour lui. C'est mieux qu'avant, quand il était dans sa famille qui était saoule jour et nuit, et qu'il assistait à des scènes violentes et sexuelles. Mais en même temps, il n'a pas renoncé à retourner vivre dans cette famille.

Observation 16 (suite)

Lorsque Georges rentre de l'école, si sa famille d'accueil lui demande gentiment comment il va, Georges monte dans sa chambre l'air renfrogné et claque sa porte. Si au contraire, sa famille d'accueil « avertie » de son attitude ne lui dit rien ou lui adresse la parole sur un ton sec, il se montre charmant toute la soirée. Georges présente là une défense contre la séduction : il explique à son éducatrice que lorsqu'on lui sourit, il pense qu'on lui présente un masque de séduction mensongère, comme sa mère qui lui dit qu'elle l'aime tout en refusant de le reprendre, alors que lorsqu'on lui « fait la tête », il sent qu'il s'agit de sentiments sincères et il est plus à l'aise.

On constate à quel point les mouvements affectifs de l'enfant et de la famille d'accueil divergent. La famille est dans l'attachement, alors que l'enfant est dans l'abandon et doit d'abord le montrer avant de s'attacher ensuite, s'il le peut.

Qu'attendre alors d'un placement familial dans un tel contexte ?

1. Qu'il offre un confort, disons-le, et une attention individuelle à l'enfant que l'on a beaucoup de difficulté à trouver en institution. Un placement familial peut là avoir une fonction réparatrice d'un certain niveau d'atteinte narcissique de l'enfant, et une fonction structurante comme une famille d'origine « normale ». Mais ces deux fonctions ne peuvent souvent vraiment s'accomplir au mieux que dans les situations où la famille d'origine accepte de « lâcher quelque chose » de l'enfant, confie l'enfant à la famille d'accueil, ce qui n'est pas fréquent. De plus, comme l'indique H. Rottman, l'enfant accueilli dans une famille peut plus progresser vers un minimum de structure œdipienne, même si la famille d'accueil est parfois constituée par une femme seule, que lorsqu'il vit en institution. Mais ceci ne se produit qu'à deux conditions : que l'enfant soit capable de supporter la charge de sexualité présente du fait même qu'il est dans une famille (d'accueil), ce qui n'est pas le cas de tous les enfants, et que la famille d'accueil n'ait elle-même pas trop de problèmes dans la manière dont ses membres gèrent leurs fantasmes concernant le couple et la sexualité, ce qui est parfois une pierre d'achoppement importante.

2. Que le placement familial offre une continuité relationnelle qui permette qu'un travail psychique se réalise en même temps. Ce qui veut dire, comme le répète M. David, qu'il n'existe pas des placements familiaux thérapeutiques d'un côté, et des placements familiaux simples d'un autre. Il y a d'un côté des placements familiaux dans lesquels les gestionnaires du placement accordent une place importante à la compréhension des détails de la vie de tous les jours. Dans de tels placements familiaux, les soignants proposent à l'enfant de parler de ce qu'il ressent, mais comme nous le constaterons, une psychothérapie n'est souvent pas le meilleur moyen pour réaliser ce travail psychique. Il est plus judicieux de travailler à partir d'événements qui se sont produits dans la réalité, rapportés par une personne qui témoigne de ce que l'enfant fait dans sa vie « hors entretien psychothérapique », une personne, selon les moments, assistante sociale, éducatrice ou famille d'accueil, qui est le porte-parole de la manière dont l'enfant rejoue dans la réalité la question de son lien à ses objets originaires. La famille d'accueil fait alors partie des soins, au sens où les soins sont inefficaces si elle fait n'importe quoi.

D'un autre côté, sur une ligne de plus en plus risquée, il y a les placements où on laisse les familles d'accueil se débrouiller plus ou moins seules, parfois avec leur complicité, et avec le mythe que l'amour va suffire à traiter les problèmes antérieurs de l'enfant.

Une autre question concerne ce que l'enfant déclenche dans une famille d'accueil. Certaines familles d'accueil se détériorent sous l'effet de l'enfant accueilli, ne se reconnaissent plus dans leurs attitudes éducatives. Cette manière dont la famille d'accueil va devenir inévitablement « malade » est un matériel utilisable pour comprendre la nature des liens que l'enfant répète avec autrui. Et les familles d'accueil sont prévenues lors de leur embauche, qu'elles vont aller mal, que leur vie familiale va être bouleversée de manière importante, que leurs principes éducatifs vont être partiellement battus en brèche, que leurs enfants vont souffrir (voir le témoignage de la famille Cartry, 1996). Elles sont informées que chez elles, l'enfant va poursuivre son histoire comme un grumeau dans la sauce, transporter ses gravats d'un lieu à l'autre (G. Berger-Lapalus, 1993).

Mais il arrive aussi que les membres d'une famille d'accueil attribuent à l'accueil de l'enfant des difficultés liées à une faille préexistante dans leur fonctionnement psychique, une dépression plus ou moins masquée, une difficulté à supporter le proche départ d'un enfant adolescent, des comptes à régler avec les milieux psychiatriques. Lorsqu'on exerce un travail relationnel, le plus souvent, on se soigne d'une partie de son histoire. P. Aulagnier (1989) a écrit qu'un psychanalyste pourrait considérer sa psychanalyse comme réussie s'il n'éprouve plus le besoin d'être psychanalyste. On peut dire la même chose d'une famille d'accueil : une plainte intime motive cette vocation. Cela n'est ni bien ni mal en soi, le problème étant le rapport que chaque parent de famille d'accueil peut avoir avec son histoire. Certains parents de famille d'accueil vont puiser dans les failles de leur enfance une grande capacité de comprendre l'enfant qui leur est confié. Pour d'autres, l'accueil d'un enfant sera une manière de se plaindre de manière interminable sans jamais avoir à faire de demande pour se soigner puisque les problèmes viennent de l'enfant, qui est en même temps un moyen d'exprimer une souffrance personnelle et un bouclier. Cela détermine de manière importante la façon dont le comportement de l'enfant pourra être entendu dans sa famille d'accueil, et cela détermine aussi la capacité de collaborer des familles d'accueil avec les équipes qui s'occupent par ailleurs de l'enfant.

C'est pour cela que plutôt que de dire comment un placement familial est thérapeutique en général, il est préférable de considérer qu'il s'agit chaque fois d'un pari imprévisible, et qu'un placement familial est une entreprise tellement risquée que l'on ne peut qu'être heureusement étonné pendant les périodes où il se passe bien.

Il est à noter que le placement familial n'est pas la seule solution envisageable pour un enfant séparé. Une institution peut être préférable si l'on pressent que les parents vont attaquer de manière massive le placement familial en interdisant à l'enfant de l'investir, ou si l'enfant présente des troubles trop lourds pour être tolérés en famille d'accueil. Surtout, certains enfants ne supportent pas le type de lien que leur propose une famille d'accueil et ceci aggrave leurs difficultés psychiques. Le problème est alors de trouver une institution de qualité suffisante, ces enfants se sentant souvent mieux dans des lieux de vie à petits effectifs. Par ailleurs, pour d'autres enfants, soumis avant tout à une incohérence éducative massive dans leur famille qui ne leur offre aucune contention pulsionnelle, la séparation peut ne pas être totale, mais la question du rythme des retours est importante : lorsque l'internat ne fonctionne qu'en semaine, il arrive que l'enfant mette entre parenthèses le temps institutionnel, sans nouer de relation avec les éducateurs, et attende essentiellement le week-end. Il peut être alors nécessaire qu'il ne rentre chez lui que tous les quinze jours ou toutes les trois semaines afin de l'obliger à lâcher une partie de son investissement familial et à investir des relations d'un genre différent avec les éducateurs.

La nécessité de rencontres parents-enfant médiatisées

Aussitôt prise la décision de séparation se pose la question de l'aménagement des retrouvailles. Certains enfants rencontrent leurs parents le week-end à leur domicile sans aggravation de leurs troubles. Encore faut-il, pour pouvoir l'affirmer, avoir instauré un cadre relationnel cohérent qui permette d'évaluer l'effet de ces rencontres sur l'enfant. Mais dans beaucoup de situations, on constate que l'enfant va plus mal, de manière durable, après chaque visite chez ses parents. De tels enfants subissent la pathologie de leurs parents de plein fouet, lorsqu'ils sont laissés seuls avec eux, et les effets en sont souvent désastreux avec un recul des progrès précédents. Comment penser alors autrement ces contacts parents-enfants ?

Si on reste centré sur la vie psychique de l'enfant, ces retrouvailles n'ont pas lieu parce que c'est une coutume que des enfants rencontrent leurs parents (H. Rottman), ni pour obéir au juge, ce que nous acceptons cependant de faire car nous ne sommes pas des citoyens au-dessus de la loi, ni encore pour faire se créer un lien qui permettrait à ces enfants et parents de revivre ensemble car on sait que dans la plupart des situations, ceci sera impossible. Ces rencontres ont pour but de maintenir en relation parents et enfants, en reconnaissant la filiation existante et, si besoin, de montrer à l'enfant que l'on s'occupe bien de sa mère, ce qui peut être important pour lui. Mais surtout, ces visites sont indispensables pour aider l'enfant dans son développement psychique, et certains d'entre eux se désorganisent beaucoup lorsque leurs parents ne viennent pas de manière répétitive aux visites prévues. En effet, pour la plupart des enfants (pas tous il est vrai), il est indispensable de rencontrer leurs parents biologiques de manière régulière, même si le rythme des visites est espacé. Beaucoup d'enfants ont simplement besoin de vérifier que leur parent est vivant, et qu'*il pense à eux* puisqu'il vient au rendez-vous, sans en attendre quoi que ce soit. L'enfant vérifie ainsi qu'il a laissé une trace de lui chez le parent. De plus, la séparation-abandon est tragique. Revoir le parent permet que cet événement ne se fige pas et qu'il soit possible de continuer à penser à son propos (A.-M. Roussel, 1993)[1]. Dans un nombre important de situations, le cadre le plus adapté est alors constitué par des visites médiatisées, qui ont une durée et un lieu variables selon chaque situation clinique. Ce terme décrit les modalités de rencontre entre un enfant et sa famille d'origine élaborées par M. David puis par H. Rottman, visites parents-enfant qui n'ont lieu qu'en présence de deux intervenants. L'un, psychiatre ou psychologue, est attentif aux mouvements psychiques du ou des parents ; l'autre, l'éducatrice avec laquelle l'enfant a un lien de confiance, est attentif aux mouvements psychiques de l'enfant. Le psychothérapeute de l'enfant ne participe pas à ces visites. Il n'est pas rare qu'au cours de ces rencontres, l'enfant utilise son éducatrice comme une « protection », s'installant près d'elle pour dessiner ou jouer. Ce matériel sera repris ensuite en prise en charge individuelle avec l'enfant. La durée de ces visites, entre vingt minutes et une heure, varie selon les situations suivant ce qui est souhaitable et tolérable pour l'enfant. Il faut préciser que le fait qu'un parent doive espacer ses venues parce qu'il habite loin de son enfant n'est pas un argument pour que la durée de la visite médiatisée soit allongée. Quand on cède à un tel argument, le déroulement de la visite se dégrade de manière inéluctable, l'enfant se sent angoissé lorsque son seuil de tolérance est dépassé, et parents et enfants se quittent tous deux en se sentant mal sur le plan psychique[2].

---

1. Certains enfants refusent absolument de revoir leurs parents tellement ils en ont peur. On ne peut leur imposer de telles rencontres, mais leur refus s'accompagne d'une perte du principe de causalité (H. Rottman), avec une pathologie psychotique très difficile à traiter.

2 De plus, dans de tels contextes cliniques, il est nécessaire que les éventuelles conversations téléphoniques soient elles aussi cadrées et médiatisées, c'est-à-dire qu'elles aient lieu à un rythme non anarchique et

Ces visites médiatisées ne sont en aucune manière une panacée. Elles ne suffisent pas en soi à faire évoluer certains enfants, mais cette protection permet aux soins d'être plus efficaces. Dans certaines situations, on peut s'en passer, lorsque les parents acceptent de déléguer une fonction parentale au placement familial, ce qui se produit lorsque existe chez eux une partie saine pas trop limitée, et lorsque l'enfant, même petit, est capable de réaliser où se situe la folie de ses parents et qu'il est capable de s'en protéger. Mais pour beaucoup d'enfants, les visites médiatisées sont un outil indispensable pour protéger leur psychisme et leur permettre de progresser.

Observation 15 (suite)

Ainsi au cours d'une visite médiatisée, Julien K, 12 ans, parvient à dire à sa mère, psychotique particulièrement terrifiante qui peut basculer d'un discours menaçant à un discours passionnel, qu'il n'a pas aimé le cadeau qu'elle lui a envoyé pour son anniversaire, un bouquet de fleurs. Il explique que c'est à son amoureux qu'on envoie un tel cadeau. Il s'agit là d'une remarque importante car Julien, enfant psychotique très halluciné au début de sa prise en charge, se déguisait en fille à son arrivée à l'hôpital de jour à 7 ans, pour se protéger de la séduction qu'il ressentait exister de la part de sa mère. Cette dernière le mêlait à sa vie sexuelle, et pour se défendre de cela, Julien prenait une voix aiguë et mettait une jupette ; c'était une manière d'essayer de ne pas intéresser sa mère en tant que garçon. Au cours de la visite dont il est question ici, Mme K est surprise par le ton ferme de son fils et reconnaît

avec un soignant pour les écouter et aider l'enfant à les interrompre si besoin. Certains enfants vont aussi mal après un contact téléphonique sans tiers avec un parent qui déverse sa pathologie sur eux qu'après une visite non médiatisée.

que le cadeau était inadéquat. Julien ajoute qu'il ne veut plus recevoir de cartes de ses parents pour Noël et pour son anniversaire. Revu après par son éducatrice, il dit qu'il n'est pas envahi par ce qui s'est passé lors de cette visite et il ne veut plus en parler. Ce qui l'intéresse, ce sont ses projets d'avenir et le collège où il va poursuivre ses études l'an prochain. À la visite suivante, trois mois plus tard, M. et Mme K ont amené un très joli gâteau. Julien ne remercie pas ses parents et dit immédiatement qu'il préférerait avoir de l'argent pour pouvoir choisir ses cadeaux lui-même. Mme K reconnaît qu'effectivement, il a l'âge où il vaut mieux qu'il choisisse lui-même. Ensuite il demande s'il y a beaucoup d'enfants en colère contre leurs parents. Je lui dis qu'il est peut-être en colère contre les siens. Il déclare à ce moment à ses parents : « Pourquoi m'avez-vous fait tout cela lorsque j'étais enfant ? » Cela est adressé surtout à Mme K. Quand elle lui demande de quoi il parle, il lui explique qu'elle l'a jeté contre un mur lorsqu'il était tout petit. Mme K est étonnée car elle ne se rappelle qu'avoir donné des fessées à son fils, et avoir beaucoup crié contre lui, mais jamais n'avoir effectué un tel geste.

Ce résultat n'a pu être obtenu que grâce à une psychothérapie deux fois par semaine et une prise en charge éducative une heure par jour. Ce travail psychothérapique était lui-même protégé par des visites médiatisées au rythme d'une heure une fois par trimestre pendant quatre ans, espacement mis en place à la demande de Julien (voir *infra*). Grâce à ce travail, Julien, jusqu'alors terrorisé par ses parents, est arrivé à pouvoir leur dire en face ce qu'il pense, même s'il le dit de manière abrupte, sans imaginer que cela va le ou les détruire. Il peut les percevoir maintenant comme des parents inadéquats alors qu'il les hallucinait jusqu'à présent comme des monstres. Les visites médiatisées lui permettent d'expérimenter ses progrès psychiques de manière protégée. On peut remarquer que ce cadre est aussi contenant pour les parents : il leur permet grâce au transfert établi sur les soignants, d'entendre la parole de leur enfant sans se sentir détruits par elle.

Julien, qui au début des soins allait dans sa famille trois heures une fois par mois, avait demandé à de nombreuses reprises à ne plus revoir du tout ses parents. Il allait très mal pendant les quinze jours qui précédaient le retour chez lui, et pendant le mois qui suivait. Il était même opposé à toute visite même médiatisée. La confiance qu'il avait dans les soignants dépendait alors de la protection qu'ils lui accorderaient ou non par rapport à ces rencontres qu'il ressentait comme destructrices pour lui. Ne pas tenir compte de sa demande revenait à perdre toute crédibilité, et la psychothérapie n'aurait pu être poursuivie. Le psychiatre responsable du cadre (et qui à ce titre n'était pas le psychothérapeute de l'enfant) proposa un moyen terme, une visite médiatisée tous les trois mois, les parents pouvant contacter l'équipe pour avoir des nouvelles de leur fils entre deux visites. Cet espacement n'a pas fait l'unanimité, une partie de l'équipe souhaitant que la parole de Julien soit prise en compte totalement, et qu'il soit demandé au juge des enfants que les visites soient encore plus espacées, voire supprimées, une autre partie de l'équipe estimant qu'il y avait un aspect de rétorsion dans la demande de Julien de ne plus rencontrer ses parents, avec le désir de les voir écrasés par le juge des enfants.

Ces visites médiatisées ont un autre intérêt que de protéger l'enfant de la pathologie de ses parents, celui de permettre de comprendre la nature réelle et complexe du lien particulier qui unit parents et enfants (H. Rottman). C'est en particulier grâce à ce cadre qu'a pu être mis en évidence la séduction narcissique évoquée ci-dessus. L'exemple qui suit montre comment *la différence entre désir d'avoir un enfant et désir d'être parent* apparaît au cours de telles visites, et il illustre comment la compréhension du lien parent-enfant grâce aux visites médiatisées est le meilleur outil pour éviter d'être pris dans l'idéologie du lien.

Observation 19. Carine

Depuis six mois, Mme L n'a donné aucun signe de vie à sa fille Carine, 5 ans, placée dans une famille d'accueil depuis l'âge de 2 ans et demi. Pourtant je lui ai écrit à plusieurs reprises pour lui dire que sa fille souffrait beaucoup de ne pas la voir, lui demandant en vain d'envoyer une lettre ou de téléphoner à son enfant. Enfin Mme L revient à une visite médiatisée fin juillet. Elle ne parle pas de son absence mais Carine se lance immédiatement devant elle dans un jeu de marionnettes avec son éducatrice, où l'un des personnages manifeste de manière intense et répétée sa colère d'avoir été laissé longtemps sans nouvelles. Mme L regarde avec intérêt ce jeu que nous arrêtons au bout de vingt minutes pour lui demander ce qu'elle en pense. Elle répond tranquillement que Carine est en colère, sans en être autrement affectée. Puis elle ajoute qu'elle veut qu'on lui donne sa fille pendant tout le mois d'août et rouspète immédiatement avant qu'on lui ait répondu, en disant qu'il ne manquerait plus qu'on prenne comme prétexte le fait qu'elle n'est pas venue voir sa fille pendant six mois pour refuser de la lui donner à cette période. Elle ajoute que ce qu'elle veut avant tout, c'est que le placement familial échoue et que sa fille quitte sa famille d'accueil. Mme L déteste l'assistante maternelle : « Si cette femme veut avoir un enfant en plus (cette assistante maternelle a deux enfants), elle n'a qu'à le faire et ne pas prendre les enfants des autres. » Nous mesurons à ce moment, à quel point nos mondes psychiques sont différents. Mme L a *le désir d'avoir un enfant, comme une poupée, mais pas le désir d'être parent*. Ce que craint une mère comme Mme L, c'est qu'on lui prenne son enfant, mais elle n'a aucune identification à cet enfant. Et il est facile pour un intervenant de se laisser piéger en confondant désir d'avoir un enfant et désir d'en être le parent. Un des éléments qui définit un parent, ou plus exactement la fonction parentale, *est qu'un parent sent et ressent la souffrance de son enfant*, ce qui n'est pas le cas de Mme L.

L'exemple suivant montre une autre forme étrange de parentalité.

Observation 17 (suite)

À chaque visite médiatisée, M. X demande sans cesse, de manière harcelante, à son fils Renaud, 5 ans, si sa mère est venue le voir. Cette dernière est absente depuis cinq mois et elle n'a téléphoné qu'une fois. M. X est effondré en apprenant la réponse négative que son fils lui fait une dizaine de fois avant de cesser de lui répondre sur ce sujet. Il nous dit alors qu'il ne sait pas comment il va pouvoir s'occuper de son fils.

Le problème de M. X n'est pas matériel : sa femme et lui sont séparés, et son épouse, psychotique, a toujours été incapable de s'occuper de Renaud. Il apparaît en fait une logique qui est « je ne peux prendre une fonction paternelle à l'égard de mon fils que s'il a une mère ». C'est l'intérêt de la mère pour son enfant qui rend M. X père, au sens identitaire le plus profond, conviction qui tire sans doute son origine d'une histoire personnelle complexe.

L'exemple suivant montre comment le déroulement d'une visite médiatisée peut fournir un éclairage indispensable pour comprendre le matériel apporté par un enfant pendant sa prise en charge.

Observation 20. Gabrielle

Cette visite a lieu quinze jours avant Noël. Mme V annonce à sa fille Gabrielle, 7 ans, qu'elle va lui offrir un cadeau pour Noël. Gabrielle s'offusque et dit qu'elle veut deux cadeaux. Mme V répond qu'elle a acheté une poupée avec un berceau et une poussette, ce qui fait donc trois cadeaux, mais Gabrielle estime que cela ne constitue qu'un cadeau puisque tout sera dans un seul emballage. La discussion est sans fin, et Mme V est incapable d'expliquer qu'elle n'a pas assez d'argent pour offrir plus de jouets à sa fille. Une intervention de ma part dans ce sens ne sert à rien. La tension monte et Mme V finit par dire à Gabrielle que puisque c'est comme ça, elle n'aura aucun cadeau. Gabrielle s'effondre en larmes. Mme V lui tend les bras et toutes deux se retrouvent enlacées en pleurs, donnant le sentiment d'être aussi perdue l'une que l'autre. Cette scène se reproduit un peu plus tard : suite à une nouvelle séquence d'opposition bilatérale irréductible, Mme V dit à sa fille qu'elle ne viendra plus jamais la voir et Gabrielle se précipite alors sur les genoux de sa mère. Il se produit là une interaction dans laquelle mère et fille doivent aller jusqu'au bord de la rupture pour se montrer un sentiment d'amour mélangé au soulagement de n'avoir pas perdu l'amour de l'autre. Il faut que Gabrielle attaque profondément sa mère pour pouvoir être en contact avec cette dernière, froide et distante d'habitude. La manière dont Gabrielle se bute de manière tenace et répétitive avec son éducatrice pendant la prise en charge en lui tournant le dos, peut commencer alors à prendre un sens.

À un autre moment, Mme V demande à Gabrielle si elle croit toujours au père Noël. Gabrielle répond qu'elle est trop grande pour y croire encore. Mme V est choquée et dit à sa fille qu'elle doit continuer à y croire. L'éducatrice demande alors à Mme V à quel âge elle a cessé de croire au père Noël. Elle répond qu'à 4 ans, ses parents l'ont considérée comme trop grande pour continuer à y croire. À cette période, on ne lui offrait qu'un cadeau qui était enfermé dans un placard pendant le reste de l'année et qu'elle n'avait le droit d'utiliser que rarement afin qu'il ne s'abîme pas. À un autre moment, quand Mme V apprend que sa fille a posé des questions sur comment on fait les bébés, elle s'offusque. D'après elle, il est impossible qu'un enfant de cet âge pense à des choses comme celles-là. Dans la réalité, Mme V a vécu une enfance entourée d'adultes violents, et en particulier, elle a été violée par son père puis par son frère aîné. Dans cette séquence, on constate comment elle est incapable de s'identifier à sa fille. L'enfant doit ou rester petit enfant, croire au père Noël et ne pas se poser de questions sur la conception des enfants, ou il passe à l'état adulte sans étapes intermédiaires. Et tout est mélangé dans l'esprit de Mme V : sa manière de parler est telle qu'on ne peut jamais prévoir si elle s'adresse à un enfant petit ou grand. Et dans la prise en charge, Gabrielle a soit des attitudes de bébé, soit des attitudes sexuelles de femme.

> Ensuite Mme V offre un paquet de bonbons à Gabrielle qui déchire l'emballage avec une certaine brusquerie, d'une manière telle qu'il devient difficile de le refermer. Mme V le reproche à sa fille pendant de longues minutes. Lors de la visite médiatisée précédente, cette mère avait amené une poupée avec des habits assez collants, et Gabrielle avait éprouvé de la difficulté à l'habiller. Pendant vingt minutes, une scène assez pénible avait eu lieu entre Gabrielle forçant sur les habits jusqu'à la limite de la déchirure pour y faire rentrer la poupée, et Mme V proposant en vain de l'aide à sa fille et lui disant qu'elle ne s'y prenait pas comme il fallait. C'est ici le thème de la déchirure qui apparaît (déchirure de la relation ? de l'hymen de la mère ?), qui était aussi apparu dans la prise en charge, et dont le sens reste à éclaircir.

D'une manière générale, on peut dire que le dispositif des visites médiatisées n'est pas suffisamment intégré dans les modalités de travail sur le lien parents-enfant dans les situations de séparation. Certes, il s'agit d'un outil lourd à mettre en œuvre du fait de la longueur et du nombre de placements à gérer et de la charge affective de ces visites. De plus, il faut qu'une personne bien connue de l'enfant reparle avec lui de ce qu'il a ressenti pendant ces visites. Mais si l'on fait l'impasse sur cette manière de procéder, une grande partie du travail mené par de nombreuses équipes perd son efficacité.

Le travail psychothérapique

Une des causes majeures du peu de progrès réalisés par les enfants séparés de leurs parents est l'absence de suivi systématique sur le plan psychique, et malgré les enseignements très clairs de M. David à ce propos, nombre d'intervenants ne sont toujours pas convaincus de cette nécessité.

Il est pourtant indispensable pour toutes les raisons décrites ci-dessus qu'un enfant séparé de ses parents bénéficie de soins psychiques d'intensité variable suivant les cas, sinon la séparation ne fait au mieux que geler les difficultés psychiques décrites ci-dessus, et la relation de l'enfant à ses parents, aux autres, aux apprentissages, à la réalité en général, demeure très fragile. Ce travail, qui porte sur les « représentations » complexes que l'enfant se fait du lien avec autrui, est particulièrement difficile. Il dépend du niveau de fonctionnement psychique auquel l'enfant se situe, ce qui explique qu'on l'on puisse proposer différents modèles. Dans un bon nombre de situations, il suffit que l'enfant ou l'adolescent soit reçu par un psychiatre ou un psychologue, seul, ou à certains moments avec la personne qui assure les accompagnements, ou encore à d'autres moments avec sa famille d'accueil, avec une périodicité variable selon chaque enfant. D'autres enfants participent à des moments de groupe certains après-midi, suffisamment longs pour qu'une éducatrice puisse nouer un lien avec eux et observer et prendre en charge leurs difficultés. Mais ceci n'est pas toujours efficace et l'enfant doit en conséquence être admis en hôpital de jour. On peut alors proposer le protocole suivant.

1. À parents sauvages, enfants sauvages. Créer un lien.

Certains enfants sont des enfants sauvages, en ce sens qu'ils n'ont aucune idée de ce qu'est une relation avec une personne perçue comme indépendante d'eux. Pour ce faire, ils devront passer par l'intermédiaire d'objets réels, construire des cabanes « en vrai » pendant des mois avec une éducatrice avant de pouvoir en dessiner sur le papier ; jouer avec des landaus réels avant de se contenter d'imaginer un scénario ; martyriser des poupées avant de pouvoir parler de ce qu'ils ressentent ; passer par des contacts corporels réels avant d'élire un objet. Tout cela, ils ne parviennent à le faire que lorsqu'ils ont expérimenté une relation sécurisante avec une personne fiable, résistante, et qu'ils se sont ainsi constitués une histoire. Alors seulement, l'enfant sera prêt à faire des apprentissages et à réaliser un travail psychique plus mentalisé. Cette première étape nécessite une prise en charge quotidienne avec une éducatrice (ou un éducateur ou un(e) infirmier(ère) psychiatrique) pendant une demi-heure à une heure. Ce mode de prise en charge nécessite des soignants qui acceptent la lourdeur quotidienne d'une telle relation individuelle, ce qui n'est pas le cas de toutes les institutions. Certaines institutions utilisent exclusivement le travail en groupe d'enfants. Ce dernier est très intéressant en soi et correspond à des indications précises et parfois même indispensables, mais dans d'autres cas, il paraît être une défense des soignants pour se protéger de la relation individuelle qui leur fait peur.

2. Lorsque la pensée de l'enfant s'organise.

Par la suite, ou d'emblée pour certains enfants, le matériel produit en prise en charge comprendra moins d'actes, l'éducatrice pourra plus évoquer ce que l'enfant ressent à son égard, à l'égard de sa famille, et du monde, tout en sachant que de tels enfants ont besoin d'expérimenter mais que les interprétations ne sont pas forcément ce qui les aide le plus. Ainsi Carine, 5 ans, (*observation 19*) dit à son éducatrice qu'elle se sent partir en morceaux après que sa mère ne soit pas venue quatre fois de suite à leur visite médiatisée mensuelle, et elle ajoute « c'est toi qui recolle les morceaux ». Il n'est alors pas souhaitable que le soignant ajoute quoi que ce soit. Parler avec Carine du fait qu'elle part en morceaux ne serait compris par elle, au niveau où elle en est, que comme une confirmation de cet état. Tout ce que peut faire l'éducatrice pour l'aider à vivre, c'est d'être à côté d'elle.

Un autre exemple de ce travail est donné par la séquence suivante.

Observation 21. Sandra

Au cours de sa prise en charge, le comportement de Sandra, 10 ans, évolue de la manière suivante sur plusieurs mois.

Pendant une première période, elle maquille le visage de l'éducatrice en le pétrissant de manière prolongée avec ses mains. Elle se maquille ensuite en cherchant à voir comment est fait son visage. Puis elle dessine sur une ardoise magique, et efface son dessin que l'éducatrice doit reproduire. Ensuite elle fait des phrases dont elle efface un mot que l'éducatrice doit retrouver. À la même période, elle explique la division à l'éducatrice, puis regarde comment on peut retrouver le résultat par multiplication. Ou encore elle cache un stylo, et met des indices pour que l'éducatrice essaie de le retrouver. Plus tard, elle dessine avec l'éducatrice des lettres avec des bords doubles, espacés de quelques millimètres, puis son prénom et celui de l'éducatrice en lettres doubles. Elle fait ensuite des jeux où deux ou trois cercles se recoupent partiellement. Il faut trouver la zone qui est commune. Elle éprouve alors un moment de jubilation en comprenant comment on peut dessiner une rosace. Elle en réalise beaucoup, en insistant sur le fait qu'il existe une structure commune dans laquelle on peut introduire un nombre infini de variations. Enfin elle fait un jeu dans lequel « dessiner, c'est gagné » : cela consiste à dessiner un petit signe caractéristique de soi qui fait que l'on sera reconnu par les autres.

Dans cette séquence, Sandra réalise les expériences nécessaires à l'acquisition d'une activité de représentation différente de l'activité hallucinatoire qui était la sienne jusqu'à présent. Elle « sculpte » le visage de l'éducatrice, ce qui est différent de la transformation brusque du visage de sa mère qui passait brutalement de la beauté à une apparence de sorcière haineuse, comportement que Sandra reproduisait jusqu'alors par exemple lorsqu'elle avait soudainement essayé d'égorger son éducatrice (voir *supra*). Puis elle effectue ce modelage sur elle-même. Elle soumet ensuite l'éducatrice à une sorte de jeu de coucou-caché teinté d'absence, d'inintelligible, en introduisant peu à peu une certaine réversibilité (le chiffre disparu par division peut être retrouvé par multiplication) et des indices permettant d'évoquer l'absent, de s'en construire une trace. Elle imagine une ressemblance totale sans être cependant complètement collée à l'autre en écrivant des prénoms faits de lettres aux bords doubles. Elle peut ensuite passer à la possibilité de n'avoir qu'une partie commune, celle des cercles qui se recoupent, le reste étant distinct. La jubilation survient lors de l'accès au « concept » : il existe une représentation générale du visage de l'autre, inaltérable par différents affects qui peuvent s'y produire. Enfin elle accède au symbole : un petit signe caractéristique désigne le tout. Pendant tout ce parcours, l'éducatrice, attentive, n'est pas intervenue en interprétant, mais elle suivait parfaitement le sens des expériences effectuées par Sandra, en s'en référant pour cela, si besoin, à d'autres membres de l'équipe.

3. Le problème de l'imago maternelle terrifiante.

Lorsque le matériel apporté par l'enfant devient plus complexe ou que l'éducatrice se sent engluée dans un transfert trop massif, appel peut être fait à un(e) psychothérapeute, mais les conditions de cadre sont alors particulières. En effet, très souvent, les psychothérapies « classiques » se révèlent inefficaces. Beaucoup d'enfants n'utilisent pas le cadre proposé pour penser. On a le sentiment qu'ils luttent contre l'évocation d'une imago maternelle terrifiante. Toute allusion à leur histoire passée incluant leur mère est accueillie par des hurlements intimant l'ordre au thérapeute de se taire, ou par une agitation, un déni, un mutisme. Les constructions historiques sur ce qu'ils ont pu ressentir dans leur passé sont ainsi le plus souvent vouées à l'échec. Comme l'indique H. Rottman, « Les psychothérapeutes ont en eux l'hypothèse qu'il est bon de faire des liens alors que l'enfant ne ressent pas forcément cela comme une bonne chose. Si on peut définir le moment où un enfant peut profiter d'une psychothérapie comme le moment où surgissent des associations inattendues qui ne sont pas dangereuses, il n'est pas évident que ces associations ne soient pas angoissantes pour les enfants dont il est question ici. »

Au cours de telles séances, on passe sans arrêt d'un mode de fonctionnement psychique à un autre, hallucinations, défenses de caractère, fantasmes, et parfois, autorisation donnée au thérapeute de parler de ces fantasmes. Dans de nombreuses situations, à la différence de ce qu'on retrouve dans certaines familles dont l'enfant présente des troubles psychotiques francs, il n'y a même pas de trace de transmission fantasmatique pathologique sur trois ou quatre générations, ou de pacte dénégatif, lien entre parents et enfant qui inclut l'interdiction de se formuler certaines pensées (R. Kaes, 1989). Ces processus sont certes tordus, mais au moins reposent sur un lien identificatoire. À la place viennent parfois quelques identifications à l'état brut (voir *supra*), et une lutte pour ne pas être confronté à des sentiments concernant l'absence de l'autre, la peur, ou le sexuel. Ainsi Ph. Jeammet (1993) se demande si l'agitation et la violence que présentent ces enfants ne sont pas une manière d'effacer toute trace de l'objet manquant, afin d'éviter l'apparition de sentiments dépressifs. L'agitation peut aussi être la manifestation d'une excitation liée à des images sexuelles qui débordent l'enfant, ou à une place incestuelle à laquelle il s'est senti mis par ses parents. Comment de tels sujets peuvent-ils entrer en contact avec leurs pensées et leurs émotions sans se sentir désorganisés ? Dans cet échec plus ou moins partiel de toutes les étapes de la symbolisation, le vécu du sujet reste, pour une large partie, non symbolisé et surtout clivé, sans relation avec sa partie « normale » qui parvient à penser, ce qui le rend difficilement accessible.

La question centrale, nous l'avons dit, c'est l'extrême difficulté de ces enfants à élaborer quoi que ce soit sur l'imago maternelle inquiétante qu'ils ont en eux, tout en étant fortement attachés à leur mère. Parfois de nombreuses séances de prise en charge vont être consacrées par l'enfant à la manière dont il va affronter la colère de sa mère ou de ses parents lorsqu'il demandera une modification des rencontres dans le sens de l'espacement. Ces enfants se sont sentis en danger physique grave parfois mortel, avec simultanément un vécu d'agonie psychique massif. La mère de Sandra a voulu la jeter par la fenêtre lorsqu'elle était bébé ; la mère de Rachid a essayé de l'étrangler et de l'empoisonner avec un biberon lorsqu'il avait 2 ans ; la mère de Sonia l'a laissée affamée pendant des jours lorsqu'elle était bébé et au bord de terrasses d'immeubles sans barrière à l'âge de 4 ans ; la mère de Laurent a essayé de se suicider à l'alcool devant lui lorsqu'il avait 18 mois, et il est alors resté seul pendant un jour au milieu de tessons de bouteilles pendant qu'elle était dans le coma. Même lors des visites médiatisées, certains enfants ne peuvent faire face à leurs parents ni maintenir leur pensée, et ils se mettent à dire, à la demande de ces derniers, qu'ils les aiment et veulent retourner vivre chez eux, ce que le parent utilisera ensuite chez le juge des enfants. C'est un peu comme si on disait à un individu qui sort d'un camp de concentration qu'on va le remettre en face de son bourreau nazi, mais qu'il ne courra aucun risque puisqu'il y aura une tierce personne qui garantira qu'il n'y aura pas de violence (G. Lapalus). La victime ne pourra pas s'empêcher de ressentir le niveau de terreur qu'elle éprouvait auparavant. *L'enfant tente alors de séduire et d'amadouer le parent pour ne pas être détruit par lui*, au prix d'une identification complète à ses désirs.

Aussi le travail psychothérapique présente-t-il la caractéristique suivante : il est nécessaire qu'une troisième personne soit présente avec l'enfant et le psychothérapeute, l'éducatrice ou l'infirmière psychiatrique avec laquelle l'enfant a un lien quotidien, et qui apporte des éléments de réalité sur ce que l'enfant fait dans sa famille d'accueil, à l'école, à l'hôpital de jour, et sur ce qui se passe dans les visites médiatisées, car l'enfant n'en parle pas de lui-même. Or ce ne sera souvent qu'à partir de ce matériel qu'il pourra associer. Surtout, l'un des deux adultes, le plus souvent l'éducatrice, présentifie dans le transfert le parent terrifiant, le psychothérapeute pouvant alors communiquer sur ce qui se passe entre l'enfant et cette personne, et il s'agit du seul moyen d'éviter que le travail thérapeutique ne soit pris dans des processus répétitifs de manière interminable (G. Lapalus, J.-C. Rolland).

Réflexions sur le secret

Dans les situations d'incompétence éducative parentale grave, le secret est un problème que l'on rencontre fréquemment et qui se présente sous trois formes : le secret montré, le secret caché, et le secret gardé.

Le secret montré

Dans cette circonstance, un parent montre à son enfant qu'il détient des informations importantes concernant son histoire, tout en refusant d'en parler.

Observation 19 (suite)

Ainsi au cours d'une visite médiatisée, l'éducatrice de Carine, 5 ans, dit à Mme L que sa fille pose beaucoup de questions sur son père qu'elle n'a jamais connu. Mme L répond qu'elle a décidé de ne parler à Carine de son père que lorsqu'on lui aura rendu sa fille pendant une longue durée, un an au moins, de manière à ce qu'elle puisse en discuter avec sa fille dans le cadre d'une relation de confiance bien établie. Dans la réalité, Mme L n'a jamais été capable de se préoccuper de sa fille même pendant une journée, et elle vient de rester six mois sans lui donner de nouvelles. Le secret a alors deux fonctions. Tout d'abord, Mme L maintient ainsi sa fille dans une relation de séduction narcissique. Carine dépend d'elle pour avoir accès à tout ce qui concerne son père. Une partie de son histoire est captée, détenue volontairement prisonnière par la mère qui brandit le secret devant sa fille d'une manière qui ne peut que l'exciter. Il est vrai que d'une manière générale, pour celui qui montre qu'il possède un secret, le fait d'exciter l'envie de l'autre est souvent beaucoup plus important que le contenu du secret lui-même. En plus de cette forme d'emprise sur sa fille, Mme L utilise l'image du père comme un otage : elle n'en parlera que si on lui « rend » sa fille, message qui a pour but d'inciter Carine à demander de retourner vivre avec elle.

Un des enjeux pour l'enfant dans un tel contexte, c'est sa capacité de pouvoir se représenter son origine. Ainsi lorsqu'au bout d'un an et demi de visites médiatisées, nous parvenons à obtenir de Mme N (*observation 18*) qu'elle accepte que sa fille Simone, 9 ans, la questionne sur son père, la première demande de l'enfant est non pas : « Quel est le nom de mon père ? », mais « Comment vous êtes-vous connus ? », interrogation qui porte sur la séduction entre hommes et femmes, la constitution du couple de ses parents, et l'apparition chez eux du désir d'avoir un enfant. Une telle discussion sur le père et l'origine, qui s'est prolongée dans le travail psychothérapique, permettra peut-être à Simone de ne plus se représenter comme étant simplement « la poupée de sa mère », mais de devenir une petite fille, et de commencer à penser à la féminité. Jusqu'à cette visite, Simone était incapable de penser à une scène incluant trois personnes[1].

1. On peut rapprocher du secret montré l'anonymat absolu longtemps imposé par la loi aux enfants adoptés concernant leurs origines.

Dans d'autres situations, la pauvreté des renseignements donnés par la mère ne relève pas du secret, même si l'enfant en est déçu : certaines mères ne peuvent pas parler du père de l'enfant parce que pour elles, il n'a pas existé en tant que père, et elles n'ont pas non plus éprouvé d'intérêt réel pour lui en tant qu'homme (A.-M. Roussel). Aussi ne peuvent-elles rien évoquer d'autre qu'une seule caractéristique plus ou moins approximative et variable : un prénom, ou « c'était un intellectuel, une grosse tête ». Parfois même, elles éprouvent une difficulté réelle à se souvenir de cet homme.

Le secret caché

De nombreux travaux de psychanalystes portent sur les effets des non-dits familiaux concernant des événements ressentis par un parent comme honteux ou trop douloureux et trop désorganisateurs psychiquement pour pouvoir être évoqués par lui. Ce secret aboutit souvent, par l'intermédiaire de comportements « énigmatiques » des parents, à des dénis collectifs familiaux, et chez l'enfant, porteur de la psyché familiale à son insu, soumis à des échanges corporels et langagiers étranges, apparaissent des symptômes qui se sont construits autour d'identifications et d'incorporations massives et sans souplesse (N. Abraham, M. Torok, 1978). Ainsi la mère de Gabrielle, 7 ans (*observation 20*), a été soumise vers 11 ans à un inceste de la part de son père et de son frère aîné. Elle n'en a jamais parlé à sa fille, mais lors de la première visite médiatisée, nous avons la stupéfaction de voir Gabrielle prendre des marionnettes et jouer une scène dans laquelle un homme se marie avec une femme. Puis la femme se marie avec son père, puis avec son frère. Cette situation sera délicate à travailler avec cette mère dont la fragilité psychique l'a déjà amenée à être hospitalisée à plusieurs reprises pour des épisodes délirants.

On sait que l'évocation de ce secret par les parents, en présence ou non de leur enfant, ou la reconstruction hypothétique de ce secret, peut avoir, mais pas toujours, des effets thérapeutiques importants. Elle seule permet de comprendre certains symptômes du sujet. Mais il existe aussi le risque d'une idéologie du « tout dire », et même du « tout dire tôt », dès que l'enfant peut comprendre, tout au moins au niveau des mots qui lui seront dits. Cette illusion qu'une révélation réglerait le problème une fois pour toutes élude trois aspects de la question.

Le premier est que la manière dont l'histoire a eu un impact sur les personnes qui s'occupaient de l'enfant petit a souvent plus d'importance que le secret de lui-même, dont l'annonce n'a alors, au mieux, valeur thérapeutique que dans un premier temps (R. Roussillon). Ainsi on peut dire à propos de l'histoire de Mohamed (*observation 22*) que ce qui compte n'est pas seulement comment il a été conçu, mais ce qu'il lui est arrivé ensuite, à savoir quelle influence son histoire a eu sur le fonctionnement psychique de sa grand-mère lorsqu'elle s'occupait de lui en l'absence de sa mère.

Le deuxième aspect est que tout secret de famille perçu consciemment ou inconsciemment par un sujet va tendre à être transcrit par lui en termes de secret sur ses origines, et entraver sa capacité d'avoir un jeu fantasmatique souple sur son origine avec différents scénarios créatifs (R. Roussillon, 1992). Une telle structuration psychique ne sera pas modifiée par un seul effet d'annonce.

Le troisième aspect est que *tous les traumatismes ne sont pas bons à penser*, tous ne sont pas intégrables, symbolisables par un enfant. Ceci m'amène à proposer le concept de « secret gardé ».

Le secret gardé

Ce secret est aussi une forme de non-dit, mais décidé par un soignant, dans le but de protéger le psychisme d'un enfant de la connaissance d'événements traumatiques qui seraient désorganisateurs pour son fonctionnement psychique. Il s'articule autour des principes de neutralisation et de temporisation.

Observation 22. Mohamed

Les membres d'une équipe de psychiatrie de l'enfant sollicitent mon avis sur la situation suivante. Un éducateur d'un service de placement familial leur a adressé en consultation un enfant de 8 ans, Mohamed, en leur demandant de travailler avec cet enfant les secrets présents dans son histoire. Au cours d'un entretien précédent, cet éducateur a déjà dit à Mohamed que sa mère n'était pas morte, mais ce dernier n'en avait rien entendu.

Lors d'un séjour en Algérie, le grand-père de la famille a eu une liaison avec une jeune fille qu'il a mise enceinte de Mohamed et ramenée en France. Il l'a alors imposée à sa femme et l'a fait épouser son fils. Peu après la naissance de Mohamed, cette jeune femme est partie dans une autre ville française. La famille a alors dit à l'enfant que sa mère était morte. Le fils « père de l'enfant » est ensuite incarcéré pendant un an pour vol, si bien que c'est la grand-mère qui élève Mohamed, mais elle meurt lorsqu'il a 7 ans et demi et l'enfant est alors placé en famille d'accueil.

En consultation de psychiatrie, Mohamed apparaît comme ouvert, ayant des capacités de verbalisation, mais instable, symptôme relativement peu important pour un enfant élevé dans un tel environnement. Il pense que sa mère est morte, comme sa grand-mère.

Dans cette situation, il n'y a aucun intérêt à révéler actuellement à cet enfant l'histoire folle dont il est issu. Cela ne peut qu'être au mieux totalement incompréhensible, et au pire constituer une sorte de bombe annihilant la différence des générations, et déstructurante pour son fonctionnement psychique. Quel avantage tirerait-on, de plus, à le faire basculer du travail de deuil qu'il a entrepris, avec un collage dans son esprit entre le décès de sa mère et celui de sa grand-mère, à un travail sur la séparation, avec un questionnement dont on a constaté à propos d'autres situations l'aspect taraudant concernant le pourquoi de l'abandon maternel ? On peut éventuellement proposer à cet enfant une prise en charge relationnelle de manière à ce qu'*il puisse déployer les questions qu'il a sur son histoire*, s'il en a, et à ce moment envisager, si nécessaire, quel est le travail psychothérapique le plus adéquat. Quand le père sortira de prison et s'il demande à revoir son fils, on pourra prendre le temps de discuter avec lui de ce problème. Mais une telle attitude nécessite des adultes autour de l'enfant capables de contenir le secret, ce qui n'est pas forcément le cas comme on l'a constaté au début de l'observation, et capables de penser dans un tel contexte, qu'un secret n'aura d'intérêt à être éventuellement parlé qu'au cours d'un processus thérapeutique dans lequel l'enfant pourrait se l'approprier à partir de son propre cheminement (J.-L. Donnet, 1982). Le secret est excitant pour le psychisme d'un adulte, et le premier mode de réaction d'un sujet face à ce surcroît d'excitation est le plus souvent de se décharger « dans » le psychisme d'autrui en ne gardant pas le secret.

Observation 23. Jeanne

Jeanne a 4 ans et demi. Sa mère a eu un premier enfant, Christian, d'une brève liaison, puis elle a vécu avec M. Y dont elle a eu Jeanne. Lorsque cette dernière a 5 mois, M. Y soumet Christian, âgé de 2 ans, à des sévices d'une grande cruauté, et Mme Y le laisse mourir après une agonie de trente-six heures, sans faire appel à un médecin. Depuis, Jeanne est en famille d'accueil. Puis, ses parents ayant été condamnés à la prison et déchus, elle devient adoptable et là encore, une équipe vient discuter de ce qu'il faut dire à cette enfant de son histoire.

Ne rien dire laisserait trop de questions en suspens, avec un risque d'idéalisation des parents. Le modèle proposé par J.-L. Donnet (1982) apparaît ici particulièrement adéquat.

Dans un article intitulé « Le psychophobe », cet auteur décrit comment une mère qui demande à lui parler hors de la présence de son fils, lui révèle que ce fils est né d'un viol incestueux que son père lui a imposé, secret qu'elle ne veut pas révéler à son fils. Dans les mois qui suivent, l'enfant demande pourquoi sa mère ne voit jamais ce grand-père. Et peu à peu, il arrive à se construire une théorie suffisamment plausible. Un jour où le thérapeute lui demande ce qu'il pense à propos du silence familial concernant le grand-père, il répond : « Je crois que c'est un monstre... un monstre de sévérité », théorie qui contient une certaine exactitude puisqu'un père qui viole sa fille est un père monstrueux qui exige une « obéissance totale ». Et J.-L. Donnet fait alors remarquer que des oligoéléments de vérité peuvent permettre de ne pas barrer la route au travail de l'esprit.

Si Jeanne demande pourquoi son père et sa mère n'ont plus le droit d'être ses parents, il sera d'abord intéressant de savoir quelle théorie elle s'est construite à ce propos. Mais il pourra aussi lui être répondu que c'est parce qu'ils ont laissé mourir leur premier enfant, sans s'être occupé correctement de lui et sans avoir appelé de médecin, ou une autre version dans la même lignée, pour le moment.

Dans les situations d'incompétence éducative grave, de nombreux parents et enfants ont un passé traumatisant. Il appartient aux soignants de déterminer si la connaissance de ces traumatismes va aider le sujet à s'approprier son histoire ou si elle va dépasser ses capacités de liaison et introduire des affects massifs de terreur, d'impuissance, de rage, de honte, qui vont jouer un rôle attracteur, « fixateur » de la vie psychique du sujet. Pris dans les images du traumatisme, le sujet ne pourrait plus alors s'approprier sa propre histoire, s'en faire l'auteur en fantasmant à son propos, la « subjectiver ». La transitionnalité du fonctionnement psychique est perdue, le passé n'a plus de malléabilité et devient prisonnier d'images fascinantes par leur aspect monstrueux, et d'un scénario qui risque d'être à l'origine de théories particulières sur les causalités de la vie, et d'identifications au bourreau et à la victime peu créatrices.

Face à ces dangers, deux possibilités s'offrent au soignant.

1. « Neutraliser » le traumatisme, au sens d'une atténuation, ce qui permet, suivant l'expression de J.J. Baranes, de passer du registre traumatique des grandes quantités au registre des petites quantités, qui est celui du symbolique. On peut aussi préférer au terme de neutralisation le terme de « détournement », au sens d'un détour ayant pour but de s'opposer à la séduction-fascination paralysante du secret et du traumatisme.

2. « Temporiser », au sens de tenir compte de la temporalité : apprendre un fait traumatique n'a pas le même impact sur un enfant de 3 ans, de 6 ans, de 10 ans, de 15 ans. Certains événements ne peuvent peut-être être appris par un sujet que vers 45–50 ans, lorsqu'il n'aura plus d'enfant petit, et que les images liées au traumatisme ne pourront pas entraver la relation qu'il a avec ses enfants. D'autres secrets ne doivent peut-être jamais être énoncés. Lorsqu'on temporise sur une génération entière, la neutralisation va-t-elle jusqu'à l'effacement du traumatisme ? Le soignant prend alors la responsabilité de modifier l'héritage psychique du sujet. Cependant, il doit garder en permanence à l'esprit la question contre-transférentielle suivante : prend-il cette attitude pour protéger le psychisme de l'enfant ? En transformant un secret monstrueux en du « pensable », on réintroduit une fonction parentale exilée; pour un enfant, l'imago parentale de parents négligents vaut mieux que celles de parents tortionnaires. Ou le soignant est-il pris dans un mouvement affectif qui l'amène à vouloir maintenir tabou toute imago parentale ? Il voudrait alors à tout prix empêcher l'enfant de penser à certaines choses sur ses parents, et d'être confronté à un sentiment de honte concernant leur défaillance et sa propre identité.

De telles procédures thérapeutiques sont épuisantes, car rien n'est jamais acquis, tout peut être remis en question par des circonstances évoquant les parents. On a ainsi des successions de paliers parfois très longs, sortes de minilatences entrecoupées de crises avec des régressions massives souvent après les rencontres avec les parents. Puis les choses se remettent en mouvement à un niveau un peu plus élaboré si on peut parler avec l'enfant de ce qu'il a ressenti au cours des visites précédentes.

On constate qu'il ne peut pas y avoir de séparations ni de placements au rabais, et que le dispositif thérapeutique décrit ci-dessus doit pouvoir être disponible à tout moment si besoin. Décider puis gérer une séparation souvent suivie d'un placement en famille d'accueil ou en institution, est donc un processus d'une telle lourdeur, représente un tel pari, contient une telle incertitude quant au résultat, qu'il y a peu de risques que les personnes qui s'impliquent sérieusement dans ces situations soient à l'origine de placements abusifs, alors que cette question est souvent posée avec inquiétude.

Malgré l'importance de ces prises en charge, ces enfants ne guérissent jamais de leur histoire. Le traitement a pour but essentiel de leur donner les moyens de vivre malgré un passé catastrophique. « Je suis "mamanlade" », dit Joël après une visite de sa mère qui s'est mal déroulée. Comprenant au fil des mois que sa mère ne sera jamais adéquate, il déclare un matin : « Il faut que je me fasse des muscles au lieu de me faire des larmes ». De même, Sandra, après plusieurs années de traitement, jette des petites voitures par terre : celles qui tombent sur le toit vont à la poubelle, les autres peuvent continuer leur route. À elle de faire partie des voitures cabossées qui continuent quand même à rouler. Ce qu'indiquent ainsi ces enfants, c'est qu'ils peuvent maintenant se constituer une « théorie de la vie », alors que jusqu'à présent, ils n'avaient fait que survivre. Certains enfants pourront se constituer une enveloppe cicatricielle suffisante pour affronter la vie avec des capacités de nouer des relations à peu près adéquates avec les autres. Pour d'autres enfants, le résultat sera médiocre. Leur histoire a été sulfatée de ratages avec trop de précisions (J.Y. Tamet), et surtout il y a probablement un certain niveau de violence subie qui ne sera jamais symbolisable par le psychisme et qui laisse des traces indélébiles.

Conclusion

Il est difficile de conclure. Nous avons constaté comment tout être humain a besoin de pouvoir « rêver » sur ses origines, sa conception, sa naissance, le désir dont il est issu, et de se fabriquer ainsi une ou des histoires. Ce processus qui semble aller de soi passe habituellement inaperçu, et son importance ne se révèle souvent que lorsqu'il est entravé : un sujet soumis dans la réalité à une séparation relative à ses parents est déstabilisé dans son fonctionnement psychique, et doit se livrer à un travail particulièrement complexe pour pouvoir penser à nouveau à ses origines, se (re)construire une identité. L'enjeu de ce travail sera la possibilité ou non, pour un individu, de pouvoir se sentir appartenir à un groupe humain, famille ou substitut, avec plaisir, avec des projets, sans dépression, sans haine, sans être envahi par des angoisses de diverse nature.

Nous avons constaté aussi à quel point toute incertitude dans la fonction parentale vient troubler le corps social, en particulier les personnes chargées d'élaborer et d'appliquer la loi qui peut alors devenir caricaturale ou aberrante.

L'expérience relatée dans cet ouvrage, dont le réalisme n'est pas toujours très optimiste, montre que nos théories sur la nature du lien parents-enfant, en particulier sur les liens précoces, et sur la manière dont un enfant peut parvenir à se représenter ce lien, sont incomplètes ; qu'il existe des formes de parentalités surprenantes, voire stupéfiantes et auxquelles il est très difficile de s'identifier ; qu'il existe des formes de souffrance humaine que nous ne savons que très partiellement comprendre et traiter ; que les problèmes posés par la séparation au psychisme de l'enfant représentent souvent un défi pour la psychanalyse, ou une « insulte » pour nos théories, tellement elles sont battues en brèche avec régularité ; et que ce n'est qu'en acceptant de regarder cela en face que l'on pourra réaliser certains progrès.

Quel étrange jeu de cartes
Les rois n'aiment pas les reines
Les valets veulent combattre

Les piques, plus pacifiques
Le comprennent assez bien
Les trèfles sont si distraits
Qu'ils tombent sur les carreaux

Quel étrange jeu de cartes
Le diable même en a peur
Car il s'est brûlé la patte
En retournant l'as de cœur

Georges, 14 ans

Bibliographie

ABRAHAM N., TOROK M. (1978), *L'écorce et le noyau*, Paris, Aubier-Flammarion.

ANZIEU D. (1985), *Le Moi-peau*, Paris, Dunod.

ANZIEU D. (1990), *L'épiderme nomade et la peau psychique*, Paris, Apsygée.

ANZIEU D. (1996), « Questions à D. Anzieu », *Groupal*, **1**, p. 120-134.

ARFOUILLOUX J.C. (1990), « Dépendances et ruptures en institution de soins », *Neuropsychiatrie de l'enfance et de l'adolescence*, **38**, 4-5, p. 270-272.

AULAGNIER P. (1989), « Quel désir, pour quel enfant ? », *Topique*, **44**, p. 201-206.

BERGER-LAPALUS G. (1993), « La dynamique du placement familial, ses mouvements, ses obstacles », *Dialogue*, **119**, p. 80-85.

BERGER M. (1992), *Les séparations à but thérapeutique*, Paris, Dunod, 224 pages.

BERGER M. (1996), *Les troubles du développement cognitif. Approche thérapeutique chez l'enfant et l'adolescent*, Paris, Dunod, 214 pages.

CARTRY J. (1996), *Petite chronique d'une famille d'accueil*, Paris, Dunod.

CASTORIADIS-AULAGNIER P. (1975), *La violence de l'interprétation*, Paris, PUF.

CHASSIN M. (1993), « Histoire d'un premier accompagnement », *Dialogue*, **119**, p. 91-94.

DAVID M. (1989), *Le placement familial. De la pratique à la théorie*, Paris, ESF.

DONNET J.-L. (1982), « Le Psychophobe », *Nouvelle revue de psychanalyse*, **25**, p. 199-214.

DONNET J.-L. (1993), « Le Surmoi freudien et son ambiguïté ». *Bulletin n°1 du groupe méditerranéen de la SPP*, p. 21-33.

FERENCZY S. (1933), « Confusion de langue entre les adultes et l'enfant », in *Psychanalyse*, **4**, Paris, Payot, 1982.

FREUD S. (1920), « Au-delà du principe de plaisir », in *Essais de psychanalyse*, Paris, Payot, 1985.

FREUD S. (1925), « La négation », in *Résultats, idées, problèmes*, tome II, Paris, PUF, 1985.

FURTOS J. (1991), « Spéculations sur la honte », in *Trente années de psychiatrie lyonnaise*, p. 349-359, Lyon, Césura.

GOLDSTEIN J., FREUD A., SOLNIT A. (1973), *Dans l'intérêt de l'enfant ? Vers un nouveau statut de l'enfance*, Paris, ESF, 1978.

GOLDSTEIN J., FREUD A., SOLNIT A. (1979), *Avant d'invoquer l'intérêt de l'enfant...*, Paris , ESF, 1983.

GREEN A. (1983), *Narcissisme de vie, narcissisme de mort*, Paris, Éd. de Minuit.

GREEN A. (1990), *La folie privée*, Paris, Gallimard.

HANUS M. (1994), *Les deuils dans la vie. Deuils et séparations chez l'adulte et chez l'enfant*, Paris, Maloine.

JEAMMET Ph. (1991), « L'approche psychanalytique des troubles des conduites alimentaires », *Neuropsychiatrie de l'enfance*, **41**, 5-6, p. 235-244.

KAES R. (1989), « Le pacte dénégatif dans les ensembles transsubjectifs », in *Le Négatif*, Paris, Dunod, p. 101-136.

KIPMAN S. (1988), « Le rêve de Cendrillon », *Autrement*, **96**, p. 204-208.

LAMOUR M., BARACCO M. (1995), « Perturbations précoces des interactions parents-nourrisson et construction de la vie psychique », *Psychiatrie de l'Enfant*, XXXVIII, **2**, p. 529-554.

LAPLANCHE J., PONTALIS J.B. (1973), *Vocabulaire de la psychanalyse*, Paris, PUF.

LECLAIRE S. (1989), « Le critère de vérité biologique : un appui bancal », *Topique*, **44**, p. 207-212.

LIBERMAN R. (1979), *Les enfants devant le divorce*, Paris, PUF.

RACAMIER P.C. (1978), « Les paradoxes des schizophrènes », *Revue française de psychanalyse*, XXXXII, **5-6**, p. 877-969.

RACAMIER P.C. (1991), « Autour de l'inceste », *Gruppo*, **7**, p. 49-65.

ROSOLATO G. (1989), « La filiation : ses implications psychanalytiques et ses ruptures », *Topique*, **44**, p. 187-200.

ROUSSEL A.-M. (1993), « L'espace de l'accompagnement dans la dynamique d'un placement familial », *Dialogue*, **119**, p. 86-90.

ROUSSILLON R. (1988), « Logiques et archéo-logiques du cadre », tome 1. Thèse de doctorat d'État, Université Lyon II.

ROUSSILLON R. (1992), « Le secret des apparences », *Gruppo*, **8**, p. 39-44.

ROUSSILLON R. (1995), « La métapsychologie des processus de transitionnalité », *Bulletin de la Société psychanalytique de Paris*, **35**, p. 1-144.

SAMI-ALI (1977), *Corps réel, corps imaginaire*, Paris, Dunod.

SOULE M. (1988), « Penser l'adoption », *Autrement*, **96**, p. 144-148.

STECK B. (1987), « Aspects psychologiques de l'adoption », *Rev. Méd. Suisse Romane*, **107**, p. 1025-1035.

STECK B. (1992), « L'Adoption : une aventure semée d'embûches », *Patient Care*, **8**, p. 12-24.

VERDIER P., DUBOC M. (1996), *Face au secret de ses origines*, Paris, Dunod.

WABER H. et J.-P. (1994), « Histoires singulières-histoires plurielles », in *Études et rapports de la recherche appliquée*, Bienne (Suisse), Éd. des services psychologiques.

WINNICOTT D.W. (1955), « Le problème de l'adoption », in *L'enfant et sa famille*, Paris, Payot, 1971.

Table des observations

Index

A

B - C

L - M

N - O

P

R

S

T - V

047913-(I)-(3)-OSB 100°-RET-CDD

STEDI, 1, boulevard Ney, 75018 Paris
Dépôt légal, Imprimeur, n° 7945
Dépôt légal : mai 2003
Imprimé en France
Dépôt légal 1re édition : 2e trimestre 1997